中华人民共和国统计法

（实用版）

中国法治出版社
CHINA LEGAL PUBLISHING HOUSE

图书在版编目（CIP）数据

中华人民共和国统计法：实用版／中国法治出版社编. -- 北京：中国法治出版社，2025.3. -- ISBN 978-7-5216-5149-2

Ⅰ.D922.291

中国国家版本馆 CIP 数据核字第 20250XR411 号

责任编辑：张 僚	封面设计：杨泽江

中华人民共和国统计法（实用版）
ZHONGHUA RENMIN GONGHEGUO TONGJIFA（SHIYONGBAN）

经销／新华书店
印刷／三河市紫恒印装有限公司

开本／850 毫米×1168 毫米　32 开	印张／8.25　字数／168 千
版次／2025 年 3 月第 1 版	2025 年 3 月第 1 次印刷

中国法治出版社出版

书号 ISBN 978-7-5216-5149-2　　　　　　　　　定价：26.00 元

北京市西城区西便门西里甲 16 号西便门办公区

邮政编码：100053	传真：010-63141600
网址：http：//www.zgfzs.com	编辑部电话：010-63141663
市场营销部电话：010-63141612	印务部电话：010-63141606

（如有印装质量问题，请与本社印务部联系。）

■实用版

编辑说明

运用法律维护权利和利益,是读者选购法律图书的主要目的。法律文本单行本提供最基本的法律依据,但单纯的法律文本中的有些概念、术语,读者不易理解;法律释义类图书有助于读者理解法律的本义,但又过于繁杂、冗长。"实用版"法律图书至今已行销多年,因其实用、易懂的优点,成为广大读者理解、掌握法律的首选工具。

"**实用版系列**"独具四重使用价值:

1. **专业出版**。中国法治出版社是中央级法律类图书专业出版社,是国家法律法规标准文本的权威出版机构。

2. **法律文本规范**。法律条文利用了本社法律单行本的资源,与国家法律法规标准文本完全一致,确保条文准确、权威。

3. **条文解读详致**。书中的【理解与适用】从庞杂的相互关联的法律条文以及全国人大常委会法制工作委员会等对条文的解读中精选、提炼而来;【典型案例指引】来自最高人民法院指导案例、公报、各高级人民法院判决书等,点出适用要点,展示解决法律问题的实例。

4. **附录实用**。书末收录经提炼的法律流程图、诉讼文书、办案常用数据等内容,帮助提高处理法律纠纷的效率。

中国法治出版社
2025 年 3 月

《中华人民共和国统计法》理解与适用

统计是经济社会发展的重要综合性基础性工作，统计数据是国家宏观调控和科学决策管理的重要依据。2024年9月13日，十四届全国人大常委会第十一次会议审议通过了《全国人民代表大会常务委员会关于修改〈中华人民共和国统计法〉的决定》。

一、准确把握《统计法》修改的主要内容

此次修改保持原《统计法》制度框架基本不变，重点在统计监督、防范和惩治统计造假、推动统计工作信息化和科学化建设、统计信息共享等方面进行了补充修改和完善，新增加3条、修改21条，主要内容包括：

第一，坚持党对统计工作的领导。落实和体现党的领导要求，规定"统计工作坚持中国共产党的领导"。

第二，加强统计监督。一是在立法目的中规定"加强统计监督"。二是规定国家构建系统完整、协同高效、约束有力、权威可靠的统计监督体系；统计机构根据统计调查制度和经批准的计划安排，对各地区、各部门贯彻落实国家重大经济社会政策措施情况、履行统计法定职责情况等进行统计监督。

第三，强化防范和惩治统计造假责任。一是规定地方各级人民政府、县级以上人民政府统计机构和有关部门以及各单位的负责人，不得明示、暗示下级单位及其人员或者统计调查对象填报虚假统计数据，并增加相应的法律责任。二是规定地方各级人民政府、县级以上人民政府统计机构和有关部门应当根据国家有关规定，将防范和惩治统计造假、弄虚作假纳入依法行政、依法履职责任范围，建立健全相关责任制，加强对领导干部统计工作的考核管理，依法对统计造假、弄虚作假行为追究法律责任。三是规定国家实施统一的国民经济核算制度，国家统计局统一组织和实施地区生产总值核算工作。四是针对有关负责人对统计数据严重失实情况失察的行为增加法律责任，并增加兜底性规定，通过"列举加兜底"的方式，确保全面追究各类统计造假、弄虚作假行为的法律责任。

第四，健全统计标准和统计指标体系。为客观全面及时地反映经济社会发展的新情况，使统计标准和统计指标体系能够符合新发展理念，有效服务经济社会高质量发展，进一步规定"根据经济社会发展的新情况，健全科学合理的统计标准和统计指标体系，将新经济新领域纳入统计调查范围"。

第五，加强统计信息化建设。为推进大数据、云计算、人工智能等新技术在统计工作中的转化与运用，有效提升统计数据质量，一是规定国家"推动现代信息技术与统计工作深度融合"，二是要求统计调查对象"推动统计台账电子化、数字化、标准化"。

第六，加强统计信息共享。为提高政府统计效能、消除统计调查重复交叉和减少统计调查对象多头填报负担等，增加规定："县级以上人民政府统计机构和有关部门建立健全统计信息共享机制，明确统计信息的共享范围、标准和程序。"

第七，完善法律责任规定。一是与监察体制改革、《公务员法》《公职人员政务处分法》《行政复议法》《保守国家秘密法》《数据安全法》《个人信息保护法》等相衔接，对有关表述作了修改。二是对企业事业单位或者其他组织拒绝提供统计资料等违法行为，提高罚款额度。三是增加民事责任，对违反本法规定，造成人身损害、财产损失的，规定依法承担民事责任。

二、认真总结《统计法》修改的主要特点

本次修改聚焦加强党的领导、强化统计监督、防范和惩治统计造假、提高统计科学性等推动统计工作高质量发展，作出更有针对性和更具可操作性的规定，重点突出、亮点较多。总的看，主要体现在以下方面：

（一）增加统计监督有关规定，推动统计监督在党和国家监督体系中更加有效发挥职能作用

统计监督是政府统计的一项基本职能。党的十九届四中全会对坚持和完善党和国家监督体系作出重大制度安排，明确提出以党内监督为主导，推动各类监督有机贯通、相互协调；发挥统计监督职能作用。2021年8月，习近平总书记主持召开中央全面深化改革委员会第二十一次会议，审议通过《关于更加有效发挥统计监督职能作用的意见》，同年12月，中共中央办公厅、国务院办公厅印发该意见，提出统计监督是党和国家监督体系的重要组成部分，要求加快构建系统完整、协同高效、约束有力的统计监督体系。此次修法体现了党中央关于统计监督重大决策部署要求。其中，在第一条立法目的中增加"加强统计监督"内容，并围绕统计监督新增加一条作为第六条，规定"国家构建系统完整、协同高效、约束有力、权威可靠的统计监督体系。统计机构根据统计调查制度和经批准的计划安排，对各地区、各部门贯彻落实国家重大经济社会政策措施情况、履行统计法定职责情况等进行统计监督"，进一步明确了统计监督内涵和职能定位，为更加有效发挥统计监督职能作用提供了法律依据。

(二) 扭住"责任制"这个牛鼻子,增加进一步防治统计造假的规定

为进一步防治统计造假,新修改的《统计法》就建立健全防治统计造假责任制新增加一条作为第 9 条,规定:"地方各级人民政府、县级以上人民政府统计机构和有关部门应当根据国家有关规定,将防范和惩治统计造假、弄虚作假纳入依法行政、依法履职责任范围,建立健全相关责任制,加强对领导干部统计工作的考核管理,依法对统计造假、弄虚作假行为追究法律责任。"上述规定主要源自《关于深化统计管理体制改革提高统计数据真实性的意见》的相关要求,并在实践中发挥了重要作用。将党中央的决策部署和实践中的有效做法上升为法律规定,将防治统计造假的责任作为领导干部的法定职责,将有效强化领导干部防治统计造假的责任意识和行动自觉。同时,新修改《统计法》第 7 条第 2 款明确"不得明示、暗示下级单位及其人员或者统计调查对象填报虚假统计数据",并在第 40 条规定了相应的法律责任。这些规定对于增强《统计法》防治统计造假的制度刚性和可操作性意义重大。

(三) 体现新发展理念要求,着力提升统计服务能力

贯彻新发展理念、推动高质量发展,需要统计部门加快构建与国家治理体系和治理能力现代化相适应的现代化统计调查体系,为科学的宏观调控和有效的政府治理提供扎实可靠的信息支撑。此次修改,为使统计标准和统计指标体系更加客观全面及时反映经济社会发展的新情况,更好服务经济社会高质量发展,规定"根据经济社会发展的新情况,健全科学合理的统计标准和统计指标体系,将新经济新领域纳入统计调查范围";为充分发挥信息化对统计现代化的驱动作用,加快建设智慧统计,规定国家"推动现代信息技术与统计工作深度融合",进一步推进大数据、云计算、人工智能等新技术在统计工作中的

转化与运用；为获取更加真实准确的源头数据，规定搜集整理统计资料要"充分利用行政记录、社会大数据等资料"，"推动统计台账电子化、数字化、标准化"，以有效提升政府统计生产能力、数据质量和服务水平。

（四）围绕优质服务宏观决策，巩固地区生产总值统一核算等改革成果

国民经济核算能够全面系统反映国民经济运行状况和社会再生产过程中生产、分配、交换、使用各个环节之间以及国民经济各部门之间的内在联系，对推动国家治理体系和治理能力现代化具有重要基础作用。开展国民经济核算是政府统计的一项重要职能，党中央、国务院高度重视国民经济核算工作。党的十八届三中全会作出"加快建立国家统一的经济核算制度"等改革部署。2017年7月，中央印发《地区生产总值统一核算改革方案》，明确了地区生产总值统一核算改革的总体要求、主要内容和组织实施步骤。按照党中央、国务院要求，国家统计局组织开展了地区生产总值统一核算改革工作，已实现地区生产总值之和与国内生产总值之间的基本衔接，改革取得重要成果。此次《统计法》修改，就国民经济核算专门增加一条作为第20条，规定"国家实施统一的国民经济核算制度"，"国家统计局统一组织和实施地区生产总值核算工作"。上述修改，将党中央、国务院关于国民经济核算改革部署要求和实践经验上升为法律制度，进一步巩固地区生产总值统一核算改革成果，确保国民经济核算的规范性严肃性，不断提升国民经济核算质量和水平，更好发挥其服务宏观调控和经济社会发展的重要作用。

（五）强化部门间统计信息共享，提高统计资料利用效率和政府统计整体效能

我国政府统计由国家统计、部门统计、地方统计三大部分

5

组成。在中央政府层面，除国家统计局组织实施国家统计调查以外，目前有60多个国务院部门和行业协会具有统计调查职能，开展大量部门统计调查工作。所有政府统计调查取得的统计资料都属于政府公共资源。《关于深化统计管理体制改革提高统计数据真实性的意见》要求建立统计数据共享平台，大力推动政府部门信息共享。《国务院办公厅转发国家统计局关于加强和完善部门统计工作意见的通知》提出建立统计信息共享机制、加快构建统计信息共享数据库重点任务。在此背景下，新修改的《统计法》第23条第2款规定，"县级以上人民政府统计机构和有关部门建立健全统计信息共享机制，明确统计信息的共享范围、标准和程序"。这是本次修法新增加的一款，聚焦当前统计信息共享存在的重点难点问题，以制度机制建设为抓手，赋予了县级以上人民政府统计机构牵头有关部门共同建立健全统计信息共享机制的职权，并规定了需要开展的主要工作，即明确统计信息的共享范围、标准和程序，有利于提高统计资料利用效率和政府统计整体效能，减少重复交叉调查，减轻统计调查对象负担。

目 录

中华人民共和国统计法

第一章 总 则

1	第一条	【立法目的】
		［加强统计监督］
2	第二条	【适用范围和基本任务】
		［统计法的适用范围］
		［统计的基本任务］
3	第三条	【统计体制】
3	第四条	【组织领导和保障】
		［为统计工作开展提供必要的保障］
4	第五条	【统计科学研究和信息化建设】
		［统计标准和统计指标体系］
		［加强统计信息化建设］
6	第六条	【统计监督】
		［国家构建统计监督体系］
		［统计监督的法定内涵］
		［统计监督的程序性要求］
8	第七条	【独立行使统计法定职权】
		［有关负责人不得违法干预统计工作］
10	第八条	【统计调查对象的基本义务】
		［统计调查对象范围］

1

11	第 九 条	【防范和惩治统计造假、弄虚作假责任制】
13	第 十 条	【社会监督】
		[统计工作应当接受社会公众的监督]
		[任何单位和个人有权检举统计中弄虚作假等违法行为]
14	第十一条	【保密义务】
		[国家秘密法]
		[工作秘密]
		[商业秘密]
		[隐私]
		[个人信息]
16	第十二条	【不得利用虚假统计资料】

第二章 统计调查管理

16	第十三条	【统计调查项目分类及相互关系】
		[国家统计调查项目]
		[部门统计调查项目]
		[地方统计调查项目]
18	第十四条	【统计调查项目的制定、备案、审批】
		[国家统计调查项目的制定、审批或者备案]
		[部门统计调查项目的制定、审批或者备案]
		[地方统计调查项目的制定、审批]
21	第十五条	【统计调查项目的审查、决定】
		[统计调查项目的必要性、可行性、科学性]
		[统计调查项目的审批程序及审批决定]
23	第十六条	【统计调查制度】
		[与统计调查项目配套的统计调查制度]

		[统计调查制度的主要内容]
25	第十七条	【统计调查表】
		[统计调查表的内容]
		[统计调查表不符合规定的后果]
26	第十八条	【统计调查方法及重大国情国力普查】
		[统计调查方法]
		[充分利用社会大数据]
		[重大国情国力普查]
30	第十九条	【统计标准】
31	第二十条	【国民经济核算】
		[国民经济核算]
		[地区生产总值核算]
32	第二十一条	【推广使用计算机网络报送统计资料】
32	第二十二条	【统计工作经费保障】

第三章 统计资料的管理和公布

33	第二十三条	【统计资料保存、管理及统计信息共享】
		[统计资料]
		[建立健全统计信息共享机制]
34	第二十四条	【统计调查对象设置原始记录等义务，统计资料审核、签署人员的责任】
35	第二十五条	【统计机构和有关部门互相提供有关资料】
		[行政记录资料]
		[国民经济核算]
36	第二十六条	【统计机构定期公布统计资料】
		[统计机构定期公布统计资料]
		[国家统计数据以国家统计局公布的数据为准]

37	第二十七条	【有关部门公布统计资料】
38	第二十八条	【统计调查对象身份资料安全】
		[能够识别或者推断单个统计调查对象身份的资料]
		[对外提供]
		[泄露]
		[不得用于统计以外的目的]
39	第二十九条	【统计资料公开】

第四章　统计机构和统计人员

40	第 三 十 条	【政府统计机构和乡镇统计工作岗位及其职责】
		[国家统计局的设立和主要职责]
		[国家统计局设立派出调查机构]
		[县级以上地方人民政府设立统计机构]
		[乡、镇人民政府设置统计工作岗位]
43	第三十一条	【有关部门统计机构、统计人员的设置及其职责】
		[部门统计机构设置和人员配置]
		[部门统计的职责要求]
45	第三十二条	【统计机构、统计人员的履职要求】
45	第三十三条	【统计人员进行统计调查时的权力和义务】
		[统计人员进行统计调查时的权力]
		[统计人员进行统计调查时的义务]
47	第三十四条	【提高统计人员专业素质】
		[国家实行统计专业技术资格考试、评聘制度]
		[对统计人员的能力要求]

第五章　监督检查

49	第三十五条	【政府监督】
		[监督主体]
49	第三十六条	【查处统计违法行为权限】
		[国家统计局的职责权限]
		[县级以上地方人民政府统计机构及国家统计局派出的调查机构的职责权限]
		[有关部门查处统计违法行为的例外规定]
52	第三十七条	【协助查处规定】
		[协助义务的主体]
53	第三十八条	【监督检查措施】
		[统计机构监督检查措施]
55	第三十九条	【有关单位和个人的配合义务】
		[有关单位和个人的配合义务]

第六章　法律责任

56	第四十条	【统计造假、弄虚作假法律责任】
		[处分]
		[通报]
58	第四十一条	【政府统计机构、有关部门统计调查相关法律责任】
		[责令改正]
60	第四十二条	【违反统计资料相关职责法律责任】
61	第四十三条	【泄露国家秘密、工作秘密法律责任】
61	第四十四条	【拒绝配合统计调查和统计检查法律责任】
		[责令改正]

	[警告]
	[罚款]
63	第四十五条　【统计调查对象相关法律责任】
64	第四十六条　【处分建议的提出及处理】
64	第四十七条　【作为统计调查对象的个人的法律责任】
65	第四十八条　【利用虚假统计资料骗取利益法律责任】
66	第四十九条　【行政复议、行政诉讼】
	[统计行政复议和行政诉讼的概念]
	[统计行政复议和行政诉讼的程序及管辖]
	[当事人对行政复议决定不服的，可依法提起行政诉讼]
68	第五十条　【民事责任、刑事责任】
	[依法承担民事责任]
	[依法追究刑事责任]

第七章　附　　则

71	第五十一条　【统计机构含义】
	[县级以上人民政府统计机构含义]
72	第五十二条　【民间统计调查管理】
	[涉外民间统计调查应当按照国务院的规定报请审批]
73	第五十三条　【施行日期】

实用核心法规

74	中华人民共和国统计法实施条例
	（2017年5月28日）

84	统计执法监督检查办法	
	（2019年11月21日）	
95	统计违法违纪行为处分规定	
	（2009年3月25日）	
99	部门统计调查项目管理办法	
	（2017年7月14日）	
108	统计执法证管理办法	
	（2019年11月26日）	
115	统计调查证管理办法	
	（2017年6月26日）	
118	统计严重失信企业信用管理办法	
	（2022年5月19日）	
123	涉外调查管理办法	
	（2004年10月13日）	
131	全国人口普查条例	
	（2010年5月24日）	
138	全国农业普查条例	
	（2006年8月23日）	
145	全国经济普查条例	
	（2018年8月11日）	
152	土地调查条例	
	（2018年3月19日）	
158	全国污染源普查条例	
	（2019年3月2日）	
167	中华人民共和国海关统计条例	
	（2022年3月29日）	

170	外债统计监测暂行规定
	（2020年11月29日）
173	国际收支统计申报办法
	（2013年11月9日）
176	防范和惩治统计造假、弄虚作假督察工作规定
	（2018年9月16日）
181	矿产资源统计管理办法
	（2020年4月30日）
185	交通运输统计管理规定
	（2018年7月23日）
194	农业农村部门统计工作管理办法
	（2024年5月13日）
201	卫生健康统计工作管理办法
	（2023年11月13日）
208	生态环境统计管理办法
	（2023年1月18日）
218	银行保险监管统计管理办法
	（2022年12月25日）

实用附录

226	《中华人民共和国统计法》修改前后对照表
243	国家统计局关于5起典型统计违法案件的通报（节录）
244	国家统计局关于安徽省、福建省、江西省有关地区统计违法案件的通报（节录）

中华人民共和国统计法

（1983年12月8日第六届全国人民代表大会常务委员会第三次会议通过 根据1996年5月15日第八届全国人民代表大会常务委员会第十九次会议《关于修改〈中华人民共和国统计法〉的决定》第一次修正 2009年6月27日第十一届全国人民代表大会常务委员会第九次会议修订 根据2024年9月13日第十四届全国人民代表大会常务委员会第十一次会议《关于修改〈中华人民共和国统计法〉的决定》第二次修正）

第一章 总 则

第一条 立法目的[①]

为了科学、有效地组织统计工作，保障统计资料的真实性、准确性、完整性和及时性，加强统计监督，发挥统计在了解国情国力、服务经济社会高质量发展中的重要作用，推动全面建设社会主义现代化国家，制定本法。

▶理解与适用

［加强统计监督］

加强统计监督是2024年《统计法》修改新增加的内容，也是该次修改的重点。统计监督是党和国家监督体系的重要组

---

① 条文主旨为编者所加，下同。

成部分，是政府统计工作的一项基本职能，具有鲜明的政治属性和客观性、专业性特点。党的十九届四中全会对坚持和完善党和国家监督体系作出重大制度安排，明确要求发挥统计监督职能作用。本法在立法目的中对加强统计监督作出规定，并在相关条款中明确统计监督体系框架和法定内涵，旨在落实党中央关于统计监督的重大决策部署，为更加有效发挥统计监督职能作用提供法律依据。

第二条 适用范围和基本任务

本法适用于各级人民政府、县级以上人民政府统计机构和有关部门组织实施的统计活动。

统计的基本任务是对经济社会发展情况进行统计调查、统计分析，提供统计资料和统计咨询意见，实行统计监督。

▶理解与适用

[统计法的适用范围]

统计活动通常包括政府统计和民间统计。各级人民政府、县级以上人民政府统计机构和有关部门组织实施的统计活动称为政府统计，与之相对应的为民间统计。民间统计与政府统计在统计目的、实施主体和管理方式等方面有较大差异，难以在一部法律中作出全面、具体的规定。本法第52条规定，民间统计调查活动的管理办法，由国务院制定。

本法仅适用于政府统计活动。

[统计的基本任务]

（1）进行统计调查、统计分析。统计调查是指按照统计调查制度规定的调查目的、调查内容、调查方法、调查组织方式等，向统计调查对象搜集原始统计资料的活动。统计分析是指运用统计分析方法和技术手段，对已经取得的原始统计资料进行深入、系统的整理和研究,以获得反映经济社会情况及其发展趋势数据资料的活动。统计调查、统计分析是实现统计其他任务的前提和基础。

(2)提供统计资料和统计咨询意见。统计资料,是通过统计调查、统计分析所取得的、反映经济社会发展情况的各种数据信息。统计咨询意见,是指在已有统计资料的基础上,对经济社会发展情况进行综合分析、专题研究,为各级政府和有关部门管理和决策提供实施意见和对策建议。提供统计资料和统计咨询意见,是对统计调查、统计分析成果的进一步运用。

(3)实行统计监督。统计监督是通过开展统计督察、统计执法检查、统计监测评价、高质量发展综合绩效评价等,客观全面及时反映各地区各部门贯彻落实国家重大经济社会政策措施情况、履行统计法定职责情况等,发现风险、准确预警,以保障和促进经济社会高质量发展和统计领域公权力正确行使。本法第6条对加强统计监督作出了具体规定,为在党和国家监督体系中更加有效发挥统计监督职能作用提供了法律依据。

第三条 统计体制

统计工作坚持中国共产党的领导。

国家建立集中统一的统计系统,实行统一领导、分级负责的统计管理体制。

第四条 组织领导和保障

国务院和地方各级人民政府、各有关部门应当加强对统计工作的组织领导,为统计工作提供必要的保障。

▶理解与适用

[为统计工作开展提供必要的保障]

(1)提供组织和人员保障。国务院设立国家统计局,依法组织领导和协调全国的统计工作。县级以上地方人民政府设立独立的统计机构，乡、镇人民政府设置统计工作岗位，配备专职或者兼职统计人员。县级以上人民政府有关部门根据统计任务的需要设立统计机构，或者在有关机构中设置统计人员，并指定统计负责人，依法组织、管理本部门职责范围内的统计工作，实施统计调查。县级以上人民政府统计机构和有关部门加强对统计人员的专业培训和职业道德教育，提高统计人员的专业素质，保障统计队伍的稳定性，为统计工作提供组织保障。

（2）提供经费保障。县级以上人民政府应当将统计工作所需经费列入财政预算；国务院和地方各级人民政府、各有关部门应当加强对统计工作的组织领导，为统计工作提供必要的经费保障。重大国情国力普查所需经费，由国务院和地方人民政府共同负担，列入相应年度的财政预算，按时拨付，确保到位。

（3）提供工作条件保障，包括办公用房、办公设备、人员培训等。

▶条文参见

本法第22、30-32、34条

第五条　统计科学研究和信息化建设

国家加强统计科学研究，根据经济社会发展的新情况，健全科学合理的统计标准和统计指标体系，将新经济新领域纳入统计调查范围，并不断改进统计调查方法，提高统计的科学性。

国家有计划地加强统计信息化建设，推动现代信息技术与统计工作深度融合，促进统计信息搜集、处理、传输、共享、存储技术和统计数据库体系的现代化。

▶理解与适用

[统计标准和统计指标体系]

统计标准是对统计调查中所采用的指标涵义、计算方法、分类目录、调查表式、统计编码等的标准化要求。统计标准为统计工作提供统一、规范的框架，是统计工作科学化、现代化的基础，确保统计数据的准确性和可比性。

统计指标是指反映一定的经济社会现象总体数量特征的概念，包括指标名称、定义、计量单位、计算方法等构成要素。由若干个相互联系的指标组成的整体称为统计指标体系。从统计工作实践来看，统计指标体系可分为三个层次：第一层是全面反映国家或地区经济活动情况的国民经济核算统计指标体系，主要指标有国内生产总值、最终消费支出、资本形成总额等；第二层是反映国民经济各行业和经济社会发展重点领域情况的统计指标体系，如农业、工业等行业统计指标体系，科技、人口等重点领域统计指标体系；第三层是反映经营主体生产经营、财务状况等情况的统计指标体系，主要指标有产品产量、营业收入、利润总额等。

2024年《统计法》修改过程中，不少意见提出原有统计标准和统计指标在一定程度上滞后于经济社会发展，特别是对于一些新经济新领域新业态反映不够及时全面，统计数据在全面准确反映经济发展新情况新趋势新特点方面存在不足。2024年修改《统计法》对本条规定作出调整，强调"根据经济社会发展的新情况"，除统计指标体系外，还要求健全科学合理的统计标准，并明确提出"将新经济新领域纳入统计调查范围"，推动统计工作更好服务经济社会高质量发展。所谓新经济，是指在经济全球化背景下，信息技术革命以及由信息技术革命带动的、以高新科技产业为龙头的经济。新领域是指区别于传统产业领域的新兴产业领域。

[加强统计信息化建设]

统计信息化是指运用现代信息技术变革统计生产方式，再造统计业务流程，全面提升统计工作的数字化、网络化、智能化、标准化水平，是统计现代化的必由之路和重要组成部分。

2024年《统计法》修改过程中，不少意见提出在现代信息技术高速发展的时代背景下，大力推进大数据、云计算、人工智能等新技术在统计工作中的运用和转化，可以有力提高统计工作效率和质量，也有利于防范和治理统计造假等问题。因此，在明确国家有计划地加强统计信息化建设的基础上，增加了"推动现代信息技术与统计工作深度融合"的规定，促进统计信息搜集、处理、传输、共享、存储技术和统计数据库体系的现代化。

第六条 统计监督

国家构建系统完整、协同高效、约束有力、权威可靠的统计监督体系。

统计机构根据统计调查制度和经批准的计划安排，对各地区、各部门贯彻落实国家重大经济社会政策措施情况、履行统计法定职责情况等进行统计监督。

▶理解与适用

2024年《统计法》修改的重点之一，就是加强统计监督，为此专门增加本条，对统计监督体系作出明确规定。

[国家构建统计监督体系]

本条第1款规定了国家构建统计监督体系的原则性要求，并强调统计监督体系应当具有以下特征：一是系统完整。主要是指统计监督的内容须完整、全覆盖、聚焦"国之大者"，用真实可靠的统计数据，客观全面及时地反映国家重大发展战略实施情况、重大风险挑战应对情况、人民群众反映突出问题解决情况等。二是协同高效。主要是指统计监督的实施要协同各方力量、形成监督合力。第一，政府统计自身要协同高效，要全面做好国家统计、部门统计、地方统计，提升政府统计整体效能；第二，统计监督要深度融入党和国家监督体系，大力推动统计监督与纪律监督、监察监督、派驻监督、巡视监督、干部监督、审计监督等各类监督有机贯通、相互协调，增强监督合力和效能。三是约束有力。主要是指统计监督的执行和成果运用要不折不扣、直面问题、敢于碰硬。

[统计监督的法定内涵]

(1) 对各地区、各部门贯彻落实国家重大经济社会政策措施情况进行统计监督。根据《关于更加有效发挥统计监督职能作用的意见》要求，统计机构通过依法独立履行监测评价职能，重点监测评价国家重大发展战略实施情况、重大风险挑战应对成效、人民群众反映突出问题解决情况等；通过开展高质量发展综合绩效评价，实现对各地区高质量发展情况的定量评价，重点评价各地区推动高质量发展工作的总体情况，有效反映高质量发展进程中的优势、成效和短板，以高效能统计监督服务高质量发展。

(2) 对各地区、各部门履行统计法定职责情况进行统计监督。根据《关于更加有效发挥统计监督职能作用的意见》要求，国家统计局要履行主体责任，加强统计系统自上而下的监督检查，刀刃向内从严整肃统计行风，按有关规定严肃查处统计机构和人员违纪违法案件。强化对全国统计执法监督工作的组织领导和统筹协调，针对统计造假、弄虚作假多发的问题，深入调查研究，提出解决办法。

[统计监督的程序性要求]

为确保统计机构行使统计监督职责与其他有关方面督促贯

彻落实国家经济社会重大政策措施的职责相衔接，也为避免增加基层负担，本条对开展统计监督作出必要限定，即统计机构开展统计监督须根据统计调查制度和经批准的计划进行。比如，国家统计局开展统计督察，必须经过党中央、国务院的授权和批准，纳入中央年度督查检查考核计划，方可组织实施；开展统计执法检查，要根据问题线索拟定执法检查方案，经国家统计局领导审定同意后，方可组织实施；开展日常监测评价，要依法制定、报批统计调查项目及其制度，并严格按照统计调查制度依法独立搜集整理相关资料、进行监测评价，保证监测评价的客观公正。

第七条 独立行使统计法定职权

统计机构和统计人员依照本法规定独立行使统计调查、统计报告、统计监督的职权，不受侵犯。

地方各级人民政府、县级以上人民政府统计机构和有关部门以及各单位的负责人，不得自行修改统计机构和统计人员依法搜集、整理的统计资料，不得以任何方式要求统计机构、统计人员及其他机构、人员伪造、篡改统计资料，不得明示、暗示下级单位及其人员或者统计调查对象填报虚假统计数据，不得对依法履行职责或者拒绝、抵制统计违法行为的单位和个人打击报复。

▶理解与适用

[有关负责人不得违法干预统计工作]

为了防止有关负责人违法干预统计工作，本条对地方各级人民政府、县级以上人民政府统计机构和有关部门以及各单位的负责人作出四项禁止性规定：

（1）不得自行修改统计资料。即有关负责人无权直接对统计资料进行修改，如果统计数据有错误，只能由统计机构、统计人员按照法定权限和程序核实订正。

（2）不得以任何方式要求统计机构、统计人员及其他机构、人员伪造、篡改统计资料。即有关负责人不得利用职权强令、授意或者以其他方式，要求有关机构、人员编造虚假的统计资料，或者没有根据地修改统计资料。

（3）不得明示、暗示下级单位及其人员或者统计调查对象填报虚假统计数据。这是2024年《统计法》修改中新增加的内容。明示即明确地说出、表示意图，具体形式包括口头、书面以及其他能够直接显现意思表示内容的方式。例如，某部门负责人组织本地区企业召开会议，当场要求企业务必按照政府部门下达的数据报送统计报表。暗示即用含蓄的语言或动作使他人领会意图，目的是引导他人按照其意愿实施相关行为。例如，某部门负责人专门选择对营业收入统计数据下降的企业进行现场调研，反复询问其收入下降是否因企业漏报造成，强调企业要为本地经济社会发展"做贡献"，从统计数据上"体现"本地良好发展态势。

（4）不得对依法履行职责或者拒绝、抵制统计违法行为的单位和个人打击报复。2024年《统计法》修改前，原法规定不得对"统计人员"进行打击报复。2024年修改将"统计人员"修改为"单位和个人"。这里的单位和个人，既包括统计机构、统计人员，也包括统计调查对象等其他单位和个人。统计机构、统计人员依法履行职责的行为严格受到法律保护，对依法履行职责或者拒绝、抵制统计违法行为的统计人员，严禁有关负责人通过调动工作、调整职务、处分处理以及其他任何方式进行打击报复；企业等统计调查对象拒绝、抵制提供虚假统计资料的行为也严格受到法律保护，严禁有关负责人通过刁难、限制企业发展等措施对不配合统计造假的企业进行打击报复。

第八条 统计调查对象的基本义务

国家机关、企业事业单位和其他组织以及个体工商户和个人等统计调查对象，必须依照本法和国家有关规定，真实、准确、完整、及时地提供统计调查所需的资料，不得提供不真实或者不完整的统计资料，不得迟报、拒报统计资料。

▶ 理解与适用

［统计调查对象范围］

统计调查对象，是指在统计调查活动中，掌握统计调查客体情况，依照本法和经批准或者备案的统计调查制度的规定，负有报送义务的组织和个人。

统计调查对象的范围，包括所有依法负有向统计机构、统计人员提供统计资料的义务的组织和个人，即包括国家机关、企业事业单位、其他组织、个体工商户和个人。不同的统计调查项目，其统计调查对象的范围不同。例如，每10年一次的全国人口普查，普查对象为普查标准时点在我国境内的全部自然人以及在我国境外但未定居的中国公民，不包括在我国境内短期停留的境外人员；按月开展的全国劳动力调查，统计调查对象为全国31个省（自治区、直辖市）分层随机抽选的约34万个家庭户和集体户所有成员；每5年开展一次的全国经济普查，普查对象为在我国境内从事第二产业、第三产业活动的全部法人单位、产业活动单位和个体经营户；按月开展的规模以上工业统计调查，统计调查对象为全国31个省、自治区、直辖市年主营业务收入2000万元以上的共计50余万家工业法人单位。目前，全国人口、经济、农业和污染源等普查对象由相应的普查条例予以规定，其他常规统计调查的统计调查对象，均由各项依法经过批准或者备案的统计调查制度确定。是否纳入统计调查对象的范围，由具体统计调查项目的统计调查制度确定。依照本法第16条的规定，制定统计调查项目，应当同时制定该项目的统计调查制度，并依照本法第14条的规定一并报经国务院和国家统计局、省级人民政府统计机构或者本级人民政府统计机构审批或者备案。确定统计调查对象的范围，是统计调查制度的一项重要内容。具体到每一个统计调查项目，按照统计调查制度的规定，其统计调查对象可能包括上述调查对象范围的全部或者部分对象。

▶条文参见

本法第14、16、44、45、47条

第九条 防范和惩治统计造假、弄虚作假责任制

地方各级人民政府、县级以上人民政府统计机构和有关部门应当根据国家有关规定，将防范和惩治统计造假、弄虚作假纳入依法行政、依法履职责任范围，建立健全相关责任制，加强对领导干部统计工作的考核管理，依法对统计造假、弄虚作假行为追究法律责任。

▶理解与适用

2024年《统计法》修改专门增加本条规定，明确防治统计造假责任链条，压实各方责任，提出重点措施，这有利于推动从根本上解决统计造假问题，维护统计数据的真实性。

（1）将防范和惩治统计造假、弄虚作假纳入依法行政、依法履职责任范围。公职人员依法行政、依法履职是指政府机关及其工作人员在法律法规规定的职权范围内，按照法定程序执行管理经济社会事务职责，是全面依法治国大背景下对公职人员的基本要求，是法治政府建设的重要内容。《法治政府建设实施纲要（2021—2025年）》将依法行政情况作为对地方

政府、政府部门及其领导干部综合绩效考核的重要内容。本条将防范和惩治统计造假、弄虚作假纳入依法行政、依法履职责任范围，明确规定防范和惩治统计造假、弄虚作假属于地方各级人民政府、县级以上人民政府统计机构和有关部门的法定职责。在防范和惩治统计造假、弄虚作假工作中，如存在消极、抵触、推诿、推进工作不力等履职不到位情况，将影响地方政府、政府部门和领导干部考核结果。本法作出该规定，将引导领导干部进一步认识防治统计造假的重要意义，切实履行防治统计造假责任，有效保障统计机构和统计人员独立行使统计调查、统计报告、统计监督职权，确保统计工作依法有序开展。

（2）建立健全防范和惩治统计造假、弄虚作假责任制。地方各级人民政府、县级以上人民政府统计机构和有关部门是统计工作的组织领导者和直接实施者，建立健全防范和惩治统计造假、弄虚作假责任制，明确各方的具体责任类型和责任内容，有助于从制度机制上将防治统计造假工作落到实处。在防范和惩治统计造假、弄虚作假工作中，地方各级党委和政府主要负责人负主要领导责任，分管负责人负直接领导责任；各部门、各单位主要负责人负主要领导责任，分管负责人负直接领导责任；各级统计机构主要负责人负第一责任，领导班子成员负主体责任；纪检监察机关负监督责任。

（3）加强对领导干部统计工作的考核管理。不正确的政绩观是产生统计造假、弄虚作假的重要原因。健全政绩考核机制、加强对领导干部统计工作的考核管理能够推动解决统计造假、弄虚作假问题。

▶条文参见

本法第40条；《中国共产党纪律处分条例》第139条；《公职人员政务处分法》；《统计违法违纪行为处分规定》

第十条 社会监督

统计工作应当接受社会公众的监督。任何单位和个人有权检举统计中弄虚作假等违法行为。对检举有功的单位和个人应当给予表彰和奖励。

▶ **理解与适用**

[统计工作应当接受社会公众的监督]

《宪法》规定，一切国家机关和国家工作人员必须接受人民的监督。统计工作既依赖于社会，又服务于社会。统计工作接受社会公众的监督，既是《宪法》和法律的要求，也是保障统计工作规范、有序进行，保障统计资料真实、准确，防范和惩治统计造假等统计违法行为的需要。

统计机构、统计人员应当依照本法和国家有关规定，公开办事制度、办事程序，公布统计资料，通过一定的方式听取社会公众对统计工作的批评、意见和建议，自觉接受社会公众的监督。

[任何单位和个人有权检举统计中弄虚作假等违法行为]

检举是指单位或者个人就其发现的违法行为，向有关机关提供证据、线索，要求其依法予以查处的行为。向有关机关检举国家机关和公职人员的违法失职行为，是《宪法》赋予公民的一项重要权利。统计工作接受社会公众监督，任何单位和个人都有权检举统计工作中的弄虚作假等违法行为。有关单位和个人向有关机关检举统计中弄虚作假等违法行为的，收到检举的机关应当依法及时调查并作出处理，不得推诿、塞责。依照《统计法实施条例》的规定，县级以上人民政府统计机构应当公布举报统计违法行为的方式和途径，依法受理、核实、处理举报，并为举报人保密；县级以上人民政府统计机构负责查处统计违法行为；法律、行政法规对有关部门查处统计违法行为另有规定的,从其规定。

各级统计机构应当畅通信访举报渠道,及时向社会公布接收信访举报的地址、网址、电话、电子邮箱等,便于社会公众采用书信、网络、电话、传真、走访等形式反映问题和统计违法线索;依规依法办理、处置检举反映的问题,一经查实,依规依纪依法严肃追究责任。各级统计机构依法保护检举人,对控告、检举人的姓名和身份以及检举反映的问题等予以保密,不得将检举、控告材料转交或泄露给被检举的单位或个人。对于故意或者过失泄露检举情况的,应当追究责任,严肃处理。

需要注意的是,检举人在检举过程中应当遵守法律法规规定,对其所提供检举材料的真实性负责,不得捏造、歪曲事实,不得制造假证、诬告陷害他人;不得损害国家、社会、集体的利益和其他公民的合法权益。否则应当依法追究法律责任。

▶条文参见

《统计法实施条例》第38、39、46条;《全国污染源普查条例》第40条;《全国经济普查条例》第37条;《全国农业普查条例》第41条

第十一条　保密义务

> 统计机构和统计人员对在统计工作中知悉的国家秘密、工作秘密、商业秘密、个人隐私和个人信息,应当予以保密,不得泄露或者向他人非法提供。

▶理解与适用

工作秘密和个人隐私是2024年《统计法》修改新增的内容。

[国家秘密法]

国家秘密是关系国家安全和利益,依照法定程序确定,在

一定时间内只限一定范围的人员知悉的事项。国家秘密包括：（1）国家事务重大决策中的秘密事项；（2）国防建设和武装力量活动中的秘密事项；（3）外交和外事活动中的秘密事项以及对外承担保密义务的秘密事项；（4）国民经济和社会发展中的秘密事项；（5）科学技术中的秘密事项；（6）维护国家安全活动和追查刑事犯罪中的秘密事项；（7）经国家保密行政管理部门确定的其他秘密事项。政党的秘密事项中符合前述规定的属于国家秘密。国家秘密的密级分为绝密、机密、秘密三级。

[工作秘密]

工作秘密是指机关、单位对履行职能过程中产生或者获取的不属于国家秘密但泄露后会造成一定不利影响的事项，如泄露后会妨碍机关、单位正常履行职能或者对国家安全、公共安全、经济安全、社会稳定造成不利影响的内部敏感事项等。

[商业秘密]

商业秘密是指不为公众所知悉、具有商业价值并经权利人采取相应保密措施的技术信息、经营信息等商业信息。

[隐私]

隐私是自然人的私人生活安宁和不愿为他人知晓的私密空间、私密活动、私密信息。

[个人信息]

个人信息是以电子或者其他方式记录的与已识别或者可识别的自然人有关的各种信息，不包括匿名化处理后的信息。

▶条文参见

《统计法实施条例》第13条；《保守国家秘密法》第2、13、64条；《反不正当竞争法》第9条；《个人信息保护法》第4条；《民法典》第1032条

第十二条 不得利用虚假统计资料

任何单位和个人不得利用虚假统计资料骗取荣誉称号、物质利益或者职务职级等晋升。

▶条文参见

本法第 40、41、48 条

第二章 统计调查管理

第十三条 统计调查项目分类及相互关系

统计调查项目包括国家统计调查项目、部门统计调查项目和地方统计调查项目。

国家统计调查项目是指全国性基本情况的统计调查项目。部门统计调查项目是指国务院有关部门的专业性统计调查项目。地方统计调查项目是指县级以上地方人民政府及其部门的地方性统计调查项目。

国家统计调查项目、部门统计调查项目、地方统计调查项目应当明确分工，互相衔接，不得重复。

▶理解与适用

[国家统计调查项目]

国家统计调查项目是指全国性基本情况的统计调查项目，由国家统计局制定，或者由国家统计局和国务院有关部门共同制定。国家统计调查项目主要包括三类：

（1）周期性重大国情国力普查调查。包括每隔 10 年开展一次的全国人口普查、全国农业普查，分别在尾数逢"0"和"6"的年份实施；每隔 5 年开展一次的全国经济普查和投入产出调查，在尾数逢"3"和"8"的年份实施；两次人口普查之间开展一次全国1%人口抽样调查，在尾数逢"5"的年份实施。

(2) 常规国家统计调查项目。主要包括经常性的、一般性的国家统计调查项目。目前，国家统计局每年组织实施的常规国家统计调查项目有40余项，包括国民经济核算以及农林牧渔业、工业、建筑业、房地产开发经营业、批发和零售业、住宿和餐饮业、服务业等行业统计调查，劳动工资、能源、固定资产投资、研发创新、信息通信技术应用和数字化转型、采购经理等跨行业的专业统计调查，人口变动、劳动力、住户收支与生活状况、农村住户固定资产投资等针对住户和个人的统计调查，工业生产者、居民消费、房地产等价格调查以及生态环境、公共服务满意度调查等。此外，为满足国民经济核算和专业统计需要，建立了部门数据共享制度，由有关部门、行业协会、集团公司等定期向国家统计局报送相关数据。常规国家统计调查项目基本覆盖了国民经济各个行业和社会发展各个领域。

(3) 专项国家统计调查项目。为及时反映国家重大政策、改革措施落实情况以及一些经济社会热点、难点问题等，组织开展一些专项统计调查，如农民工市民化进程动态监测调查、新设立小微企业和个体经营户跟踪调查等，均属于专项国家统计调查项目。

[部门统计调查项目]

部门统计调查项目是指国务院有关部门实施的专业性统计调查项目，由国务院有关部门制定。部门统计调查项目主要是为了满足部门依法履行职责和行业管理的需要，同时也为国家决策和管理以及开展国民经济核算提供重要统计信息。部门统计调查项目的调查内容涵盖经济、社会、文化、教育、科技、体育、卫生、环境等各个领域，调查对象主要为本部门或本行业系统所辖单位。例如，教育部的高等学校基层统计报表制度，就是对经教育部批准的全国普通高等学校和成人高等学校开展的全面调查；原国家海洋局组织的第一次全国海洋经济调查，就是对从事海洋经济活动的涉海法人单位开展的调查，具有很强的专业性。

[地方统计调查项目]

地方统计调查项目是指县级以上地方人民政府及其部门组织实施的地方性统计调查项目，由县级以上地方人民政府统计机构和有关部门分别制定或者共同制定。地方统计调查项目主要是为了满足县级以上地方人民政府及其部门管理本地区内经济社会活动、制定本地区经济社会发展规划的需要。地方统计调查项目的调查对象和实施范围，一般限于本行政区域范围内。

▶条文参见

本法第15条；《统计法实施条例》第7条

第十四条　统计调查项目的制定、备案、审批

国家统计调查项目由国家统计局制定，或者由国家统计局和国务院有关部门共同制定，报国务院备案；重大的国家统计调查项目报国务院审批。

部门统计调查项目由国务院有关部门制定。统计调查对象属于本部门管辖系统的，报国家统计局备案；统计调查对象超出本部门管辖系统的，报国家统计局审批。

地方统计调查项目由县级以上地方人民政府统计机构和有关部门分别制定或者共同制定。其中，由省级人民政府统计机构单独制定或者和有关部门共同制定的，报国家统计局审批；由省级以下人民政府统计机构单独制定或者和有关部

门共同制定的，报省级人民政府统计机构审批；由县级以上地方人民政府有关部门制定的，报本级人民政府统计机构审批。

▶理解与适用

　　[国家统计调查项目的制定、审批或者备案]
　　（1）国家统计调查项目的制定
　　国家统计调查项目的制定分为两种情况：一是由国家统计局单独制定。目前，大部分常规国家统计调查项目都是由国家统计局单独制定。二是由国家统计局和国务院有关部门共同制定。目前，全国经济普查（包括全国投入产出调查）、全国农业普查、全国人口普查、全国1%人口抽样调查等重大国情国力普查调查的方案由国家统计局会同国务院有关部门（一般为国务院各普查领导小组成员单位或者全国1%人口抽样调查协调小组成员单位）共同制定。
　　（2）国家统计调查项目的审批或者备案
　　国家统计调查项目应当报国务院备案。其中，重大的国家统计调查项目报国务院审批。比如，开展全国经济普查（包括全国投入产出调查）、全国农业普查、全国人口普查、全国1%人口抽样调查等重大国情国力普查调查，需要由国务院作出决定，由国务院或者国务院办公厅专门印发开展普查或者调查的通知；普查或者调查方案需要报经国务院各普查领导小组或者全国1%人口抽样调查协调小组批准。其他国家统计调查项目报国务院备案。

　　[部门统计调查项目的制定、审批或者备案]
　　（1）部门统计调查项目的制定
　　部门统计调查项目由国务院有关部门制定，包括部门与部门联合制定的统计调查项目。在实际工作中，中央编办管理机构编制的群众团体机关、经授权代主管部门行使统计职能的国家级集团公司和工商领域联合会或协会等开展的统计调查项目，参照部门统计调查项目管理，也拥有部门统计调查项目的制定权。

(2) 部门统计调查项目的审批或者备案

部门统计调查项目应当报国家统计局审批或者备案。统计调查对象属于本部门管辖系统的，报国家统计局备案；统计调查对象超出本部门管辖系统的，报国家统计局审批。

准确界定"本部门管辖系统"是依法管理部门统计调查项目的基础。统计工作实践中，本部门管辖系统包括：本部门直属机构、派出机构和垂直管理的机构，以及省及省以下与部门对口设立的管理机构。

[地方统计调查项目的制定、审批]

(1) 地方统计调查项目的制定

地方统计调查项目的制定分为三种情况：一是由县级以上地方人民政府统计机构单独制定；二是由县级以上地方人民政府有关部门制定；三是由县级以上地方人民政府统计机构和有关部门共同制定。

(2) 地方统计调查项目的审批

地方统计调查项目应当报送相应的人民政府统计机构审批。其中，由省级人民政府统计机构单独制定或者和有关部门共同制定的，报国家统计局审批；由省级以下人民政府统计机构单独制定或者和有关部门共同制定的，报省级人民政府统计机构审批；由县级以上地方人民政府有关部门制定的，报本级人民政府统计机构审批。

▶条文参见

《统计法实施条例》第8条

第十五条 统计调查项目的审查、决定

统计调查项目的审批机关应当对调查项目的必要性、可行性、科学性进行审查，对符合法定条件的，作出予以批准的书面决定，并公布；对不符合法定条件的，作出不予批准的书面决定，并说明理由。

▶理解与适用

[统计调查项目的必要性、可行性、科学性]

必要性主要关注以下三个方面：第一，统计调查项目的立项需要有明确依据，确保项目符合相关法律法规的要求，并且是公共管理和服务的必要需求。第二，新申请的统计调查项目不应与既有的统计调查项目重复。部门统计调查项目、地方统计调查项目的主要内容，不得与国家统计调查项目重复。第三，统计调查项目相关数据资料是否可通过行政记录、社会大数据或者已有的统计调查资料加工获得。

可行性主要关注以下三个方面：第一，申请单位需要具备实施该统计调查项目的能力，包括组织、人员和经费方面的保障。评估申请单位的实施能力，可以避免因能力不足导致的项目延误或失败。第二，开展统计调查，应平衡统计需求与统计调查对象负担之间的关系，确保不会给统计调查对象带来过重负担。第三，从技术角度出发，需要评估获取准确统计资料的现实可行性，确保技术手段能够支持项目的顺利实施，能够按照预期的方式收集到准确的数据。

科学性主要关注以下三个方面：第一，统计调查项目的方案设计是否切合实际，采用的统计标准是否符合规定。第二，统计调查表式的设计是否科学，能否有效收集所需数据。第三，采用的调查方法、数据收集和处理方法是否科学，能否确保数据的准确性和可靠性。

[统计调查项目的审批程序及审批决定]

制定机关申请审批统计调查项目,应当以公文形式向审批机关提交统计调查项目审批申请表、项目的统计调查制度和工作经费来源说明。申请材料不齐全或者不符合法定形式的,审批机关应当一次性告知需要补正的全部内容,制定机关应当按照审批机关的要求予以补正。申请材料齐全、符合法定形式的,审批机关应当受理。

《统计法实施条例》规定,审批机关应当自受理统计调查项目审批申请之日起20日内作出决定。20日内不能作出决定的,经审批机关负责人批准可以延长10日,并应当将延长审批期限的理由告知制定机关。制定机关修改统计调查项目的时间,不计算在审批期限内。发生突发事件需要迅速实施统计调查,以及统计调查制度内容未作变动但由于统计调查项目有效期届满需要延长期限的,审批机关或者备案机关应当简化审批或者备案程序,缩短期限。

统计调查项目符合下列条件的,审批机关应当作出予以批准的书面决定:具有法定依据或者确为公共管理和服务所必需;与已批准或者备案的统计调查项目的主要内容不重复、不矛盾;主要统计指标无法通过行政记录或者已有统计调查资料加工整理取得;统计调查制度符合统计法律法规规定,科学、合理、可行;采用的统计标准符合国家有关规定;制定机关具备项目执行能力。不符合上述条件的,审批机关应当向制定机关提出修改意见;修改后仍不符合上述规定条件的,审批机关应当作出不予批准的书面决定并说明理由。统计调查项目涉及其他部门职责的,审批机关应当在作出审批决定前,征求相关部门的意见。

▶条文参见

《国家统计质量保证框架(2021)》;《统计法实施条例》第7-14条;《部门统计调查项目管理办法》

第十六条 统计调查制度

制定统计调查项目，应当同时制定该项目的统计调查制度，并依照本法第十四条的规定一并报经审批或者备案。

统计调查制度应当对调查目的、调查内容、调查方法、调查对象、调查组织方式、调查表式、统计资料的报送和公布等作出规定。

统计调查应当按照统计调查制度组织实施。变更统计调查制度的内容，应当报经原审批机关批准或者原备案机关备案。

▶理解与适用

[与统计调查项目配套的统计调查制度]

统计调查制度，是指统计调查主体组织实施统计调查项目的业务工作方案和综合要求，统计调查项目确立了应该做什么调查，统计调查制度则明确了怎样开展调查，是开展统计调查必须遵守的技术性规范。统计调查制度是统计调查项目的核心内容，有统计调查项目就必然有该项目的统计调查制度，缺少了统计调查制度，统计调查项目就难以完成。统计调查项目应当进行审批或者备案。

[统计调查制度的主要内容]

统计调查制度应当对调查目的、调查内容、调查方法、调查对象、调查组织方式、调查表式、统计资料的报送和公布等作出规定。

调查目的是通过调查要实现的目标。

调查内容是为了达到调查目的而需要搜集的相关数据资料。例如，开展住户收支与生活状况调查，其主要调查内容包括居民现金和实物收支情况、住户成员及劳动力从业情况、居民家庭食品和能源消费情况、住房和耐用消费品拥有情况、家

23

庭经营和生产投资情况、社区基本情况等。

调查方法是搜集、整理相关统计数据资料所采取的具体做法。就确定调查范围而言，调查方法主要是在全面调查、抽样调查、重点调查等方法中进行选择；就资料采集方式而言，调查方法主要是指选用向调查对象发放调查表并由调查对象进行填报、调查员直接面访等方式采集原始资料，或者直接将行政记录、社会大数据等作为原始资料的来源进行加工等。

调查对象是指接受统计调查、履行提供统计资料义务的组织和个人，包括国家机关、企业事业单位、其他组织、个体工商户和个人等。每项统计调查制度都需要明确提供统计资料的调查对象。例如，在采购经理调查制度中，制造业采购经理调查的调查对象为制造业企业的采购（或供应）经理，即企业主管采购业务活动的副总经理或负责企业原材料采购（包括能源、中间产品、半成品和零部件）的部门经理。

调查组织方式包括统计调查任务的布置方式、统计调查表送达统计调查对象的方式、统计资料的搜集方式、统计资料审核和汇总方式等。

调查表式是指统计调查过程中采用的统一规范的格式文件，分为基层表和综合表。基层表是要求统计调查对象填报的统计调查表；综合表是统计机构整理汇总基层表并报送上级统计机构使用的报表。

统计资料的报送包括报送时间、方式等。统计资料的公布包括公布时间、方式等。

▶条文参见

《统计法实施条例》第16-19条；《部门统计调查项目管理办法》；《卫生健康统计工作管理办法》第16、17条；《科学技术部科技统计工作管理办法》第5-8、11、12、20条

第十七条　统计调查表

统计调查表应当标明表号、制定机关、批准或者备案文号、有效期限等标志。

对未标明前款规定的标志或者超过有效期限的统计调查表，统计调查对象有权拒绝填报；县级以上人民政府统计机构应当依法责令停止有关统计调查活动。

▶理解与适用

［统计调查表的内容］

统计调查表，即每一项统计调查制度中的调查表式，是指由各级人民政府、县级以上人民政府统计机构和有关部门根据统计调查需要制发的，用以对统计调查对象进行登记、搜集相关原始数据和资料，要求调查对象按照统一规定填报的报表，是搜集统计资料的重要工具。

统计调查项目一经批准或备案，统计调查表即具有法律效力。统计调查表应当标明的法定标志包括表号、制定机关、批准或者备案文号、有效期限。具备以上法定标志的统计调查表受《统计法》保护，具有法定强制性，调查对象有义务填写并报送。

表号是指统计调查表的编号，由制定机关统一编制，每一张统计调查表都有固定的表号，如在国家统计调查中，101-1表代表调查单位基本情况表。

制定机关是指制定该统计调查项目的机关。国家统计调查项目由国家统计局制定，或者由国家统计局和国务院有关部门共同制定。部门统计调查项目由国务院有关部门制定。地方统计调查项目由县级以上地方人民政府统计机构和有关部门分别制定或者共同制定。

批准或者备案文号是统计调查项目审批机关或者备案机关对

符合法定条件的调查项目依法给予的编号。例如，2025年审批的部门统计调查项目，批准文号为国统制〔2025〕××号；2025年备案的部门统计调查项目，备案文号为国统办函〔2025〕××号等。

有效期限一般以"有效期至××年××月"的形式在表上标示。审批的统计调查项目有效期最长为3年，备案的统计调查项目有效期最长为5年，统计调查项目有效期届满需要延长期限的，应当重新报经审批或者备案。

[统计调查表不符合规定的后果]

实践中，如果出现未标明法定标志的统计调查表，原因一般为该统计调查表所属统计调查项目未经批准或者备案。对于未标明法定标志的统计调查表，统计调查对象有权拒绝填报。县级以上人民政府统计机构应当依法责令停止有关统计调查活动。

▶条文参见

《统计法实施条例》第47条；《国家统计质量保证框架（2021）》；《生态环境统计管理办法》第18条；《全国农业普查条例》第15条；《金融统计管理规定》第10-14条；《最高人民检察院检察统计工作暂行规定》第8、9条

第十八条 统计调查方法及重大国情国力普查

搜集、整理统计资料，应当以周期性普查为基础，以经常性抽样调查为主体，综合运用全面调查、重点调查等方法，并充分利用行政记录、社会大数据等资料。

重大国情国力普查由国务院统一领导，国务院和地方人民政府组织统计机构和有关部门共同实施。

▶理解与适用

[统计调查方法]

1. 以周期性普查为基础。

周期性普查是根据事先确定的周期（5年或者10年），按照统一的普查方案和工作流程，在统一的标准时点，通过逐一调查某类统计总体的全部统计调查对象在一定时间节点或者一定时期内的社会经济活动情况，全面系统地搜集整理统计数据的调查方法。周期性普查具有全面、系统、准确、可靠的特点。

2. 以经常性抽样调查为主体。

抽样调查是一种非全面调查，是按照一定程序从总体中抽取一部分个体作为样本进行调查，并根据样本调查结果来推断总体特征的数据调查方法。目前，国家统计局在人口变动、劳动力、城乡居民收支、农产品产量、畜禽监测、居民消费价格等调查，以及规模以下工业、限额以下批发和零售业、规模以下服务业等调查中都采用了抽样调查方法，建立起了经常性抽样调查制度。

3. 综合运用全面调查、重点调查等方法。

全面调查是指统计调查机构为了取得系统、全面的统计资料，对调查对象的所有单位逐一进行调查的一种统计调查方法。目前，国家统计局实施的全面调查主要有人口普查、经济普查、农业普查和全面统计报表制度。

全面统计报表制度是依照国家有关法律法规，自上而下地统一布置，按照统一的表式、指标、统计标准、报送时间和数据处理程序，逐级定期搜集统计资料的一种调查方式。最重要的全面统计报表制度就是"一套表统计调查制度"，该统计调查制度是针对各类规模以上企业（包括规模以上工业法人单位、有资质的建筑业法人单位、限额以上批发和零售业法人单位、限额以上住宿和餐饮业法人单位、有开发经营活动的房地产开发经营业法人单位、规模以上服务业法人单位）进行的全面调查，调查频率为年度、半年度、季度和月度。

重点调查是在全体统计调查对象中选择部分重点对象进行调查，所取得的数据反映基本趋势。一般来讲，在调查任务只要求掌握基本情况，而部分单位又能比较集中反映研究项目和指标时，通常采用重点调查方法。重点调查的对象可以是一些企业、行业，也可以是一些地区、城市。根据研究的不同需求，重点调查可以采取一次性调查，也可以进行定期调查。目前国家统计局实施的重点调查主要是在针对部分行业、企业的统计调查中使用。如国家统计局组织开展的网上零售交易平台调查，预先确定了40多家重点网上零售交易平台，再对其开展调查，从而掌握网上零售交易的基本情况。

[充分利用社会大数据]

"社会大数据"是2024年《统计法》修改新增加的内容，增加该规定的主要背景是，我国信息化快速发展，是数据大国，企业等经营主体掌握着某一行业或领域的海量数据，将作为统计的重要基础数据来源，将有效辅助核实生产、消费、能源、价格等方面统计调查，提升统计效能；同时这些数据是自动记录生成的客观数据，能最大程度排除人为干预、有效防范统计造假。

[重大国情国力普查]

重大国情国力普查意义重大、影响深远且涉及面广、工作量大、时间性强。本条规定，重大国情国力普查由国务院统一领导，国务院和地方人民政府组织统计机构和有关部门共同实施，以保障普查工作的顺利实施。下面以全国经济普查、全国农业普查、全国人口普查为例进行说明。

全国经济普查的对象是在中华人民共和国境内从事第二产业、第三产业活动的全部法人单位、产业活动单位和个体经营户。经济普查主要调查第二产业、第三产业的发展规模、结构和效益的情况，普查内容包括单位基本属性、从业人员、财务状况、生产经营情况、生产能力、能源消费情况、科技活动情况等。

全国农业普查的对象包括中华人民共和国境内的农村住户、城镇农业生产经营户、农业生产经营单位、村民委员会、乡镇人民政府。农业普查主要调查农业、农村、农民的基本情况。普查内容包括农业生产条件、农业生产经营活动、农业土地利用、农村劳动力及就业、农村基础设施、农村社会服务、农民生活，以及乡镇、村民委员会和社区环境等情况。

全国人口普查的对象是在中华人民共和国境内的自然人以及在中华人民共和国境外但未定居的中国公民，不包括在中华人民共和国境内短期停留的境外人员。人口普查主要调查人口和住户的基本情况，普查内容包括姓名、性别、年龄、民族、国籍、受教育程度、行业、职业、迁移流动、社会保障、婚姻、生育、死亡、住房情况等。

上述我国三大普查均由国务院统一领导，国务院和地方各级人民政府统计机构和有关部门共同组织实施。国务院印发关于开展普查的通知，设立普查领导小组及其办公室。国务院普查领导小组负责对全国普查工作进行统一领导。国务院普查领导小组办公室设在国家统计局，具体负责普查的日常组织和协调。地方各级人民政府设立普查领导小组及其办公室，按照国务院普查领导小组及其办公室的统一要求和规定，具体组织实施本行政区域的普查工作。

▶条文参见

《统计法实施条例》第 2 条

第十九条 统计标准

> 国家制定统一的统计标准,保障统计调查采用的指标涵义、计算方法、分类目录、调查表式和统计编码等的标准化。
>
> 国家统计标准由国家统计局制定,或者由国家统计局和国务院标准化主管部门共同制定。
>
> 国务院有关部门可以制定补充性的部门统计标准,报国家统计局审批。部门统计标准不得与国家统计标准相抵触。

▶理解与适用

标准是指农业、工业、服务业以及社会事业等领域需要统一的技术要求。标准包括国家标准、行业标准、地方标准和团体标准、企业标准。国家标准分为强制性标准、推荐性标准,行业标准、地方标准是推荐性标准。强制性标准必须执行。国家鼓励采用推荐性标准。

统计标准是关于统计指标、统计对象、计算方法、分类目录、调查表式和统计编码等的统一技术要求。统计标准涉及统计指标涵义、计算方法、分类目录、调查表式和统计编码等。指标涵义是指对该指标的内涵与外延所作出的解释和说明。计算方法是指根据相关指标和相关基础资料计算某一指标的方法,包括计算原则、计算公式和有关折算系数等。分类目录是指根据统计调查的需要,对统计客体所作的分类,如行业分类、职业分类、地区分类等,是进行统计调查资料分类整理的依据。调查表式是指统计调查过程中使用的统一规范的调查表格式。统计编码是指统计分类、统计指标等的编号,是用于计算机汇总的标志,对于提高统计管理水平,建立统计数据库体系具有重要作用。

▶条文参见

《标准化法》第2、10条;《统计法实施条例》第15条;《部门统计调查项目管理办法》第11条;《金融统计管理规定》第8、15条;《农业农村部门统计工作管理办法》第14条;《国民经济行业分类》;《三次产业划分规定(2012)》;《统计单位划分及具体处理办法》;《关于市场主体统计分类的划分规定》;《关于统计上对公有和非公有控股经济的分类办法》;《统计上大中小微型企业划分办法(2017)》;《战略性新兴产业分类(2018)》;《农业及相关产业统计分类(2020)》;《现代服务业统计分类》;《新产业新业态新商业模式统计分类(2018)》;《数字经济及其核心产业统计分类(2021)》;《研究与试验发展(R&D)投入统计规范(试行)》

第二十条　国民经济核算

国家实施统一的国民经济核算制度。

国家统计局统一组织和实施地区生产总值核算工作。

▶理解与适用

本条是2024年《统计法》修改新增加的规定。一方面,明确强调国家实施统一的国民经济核算制度,突出国民经济核算制度的重要性。另一方面,巩固地区生产总值统一核算改革成果,明确国家统计局统一组织和实施地区生产总值核算工作。

[国民经济核算]

国民经济核算是对国民经济运行过程及其结果进行全面核算和描述的宏观经济信息系统。国民经济核算是以整个国民经济或社会再生产过程为核算对象的宏观经济核算,全面系统地反映国民经济运行状况及社会再生产过程中生产、分配、交换、使用各个环节之间,以及国民经济各部门之间的内在联系，是进行经济决策和分析的重要依据，是推进国家治理体系和治理能力现代化的重要基础。

目前我国国民经济核算的最新标准是《中国国民经济核算体系（2016）》，该标准同国民经济核算国际标准《国民账户体系（2008）》（2008年SNA）衔接，由基本核算和扩展核算组成。

[地区生产总值核算]

国内生产总值（GDP）是国民经济核算体系中的核心指标，是指一个国家所有常住单位在一定时期内生产活动的最终成果。生产总值在国家层面称为国内生产总值，在地区层面称为地区生产总值。

▶条文参见

《地区生产总值统一核算改革方案》

第二十一条　推广使用计算机网络报送统计资料

县级以上人民政府统计机构根据统计任务的需要，可以在统计调查对象中推广使用计算机网络报送统计资料。

第二十二条　统计工作经费保障

县级以上人民政府应当将统计工作所需经费列入财政预算。

重大国情国力普查所需经费，由国务院和地方人民政府共同负担，列入相应年度的财政预算，按时拨付，确保到位。

▶理解与适用

统计工作需要人力、物力和财力的支持，政府统计由各级人民政府、县级以上人民政府统计机构和有关部门组织实施，其经费保障需要依靠财政预算。政府统计是经济社会发展的重要基础性综合性工作，应当得到财政预算支持。

财政预算是指政府对于未来一定时期内的收入和支出的计划安排。依照《预算法》的规定，财政预算由政府编制，报本级人民代表大会审查批准，并按照批准后的预算执行。财政预算经本级人民代表大会批准后，非经法定程序，不得改变。将统计工作所需经费列入政府财政预算，从法律制度上保障了政府对统计工作的投入。

▶条文参见

《全国经济普查条例》第6条；《全国农业普查条例》第7、21条；《全国人口普查条例》第7、20条；《农业农村资源等监测统计经费项目资金管理办法》

第三章 统计资料的管理和公布

第二十三条 统计资料保存、管理及统计信息共享

县级以上人民政府统计机构和有关部门以及乡、镇人民政府，应当按照国家有关规定建立统计资料的保存、管理制度。

县级以上人民政府统计机构和有关部门建立健全统计信息共享机制，明确统计信息的共享范围、标准和程序。

▶理解与适用

[统计资料]

这里的"统计资料"是指，在统计活动中产生的，反映经济社会发展情况的统计成果以及与之相关的其他资料的总称，包括统计调查表、汇总表、有关说明、分析材料以及统计报告等。从载体来看，不仅包括以电子方式记录的统计资料，

还包括纸介质的统计资料；从是否经过汇总整理来看，不仅包括原始统计资料，还包括汇总性统计资料。

[建立健全统计信息共享机制]

本条新增1款，作为第2款规定建立健全统计信息共享机制。对于第2款的理解，需要把握以下几个方面：一是本款规定建立健全统计信息共享机制的义务主体是"县级以上人民政府统计机构和有关部门"，相比2009年修改的《统计法》，不再将"乡、镇人民政府"作为义务主体，主要的考虑是从统计工作实际需要看，统计信息共享主要是在政府统计机构和有关部门之间共享，同时为避免给基层增加负担，因此将义务主体限定为"县级以上人民政府统计机构和有关部门"。二是统计信息共享机制要明确统计信息的共享范围、标准和程序，只有对共享范围、标准和程序予以明确，才能保证统计机构和有关部门间高效畅通地共享统计信息。

▶条文参见

《统计法实施条例》第21、22、31条

第二十四条　统计调查对象设置原始记录等义务，统计资料审核、签署人员的责任

> 国家机关、企业事业单位和其他组织等统计调查对象，应当按照国家有关规定设置原始记录、统计台账，推动统计台账电子化、数字化、标准化，建立健全统计资料的审核、签署、报送、归档等管理制度。
>
> 统计资料的审核、签署人员应当对其审核、签署的统计资料的真实性、准确性和完整性负责。

▶理解与适用

本条在第1款中增加规定，要求统计调查对象"推动统计

台账电子化、数字化、标准化"。为有效推动统计台账电子化、数字化、标准化,一方面,国家统计局要统一制定相关业务规范、技术规范等标准,各省统计机构要根据上述标准,设计适应统计调查对象实际情况的多元化的电子统计台账软件。另一方面,作为统计调查对象的国家机关、企业事业单位和其他组织应予以支持配合,安装使用电子统计台账相关软件,助力实现本单位原始记录、电子统计台账、统计报表的无缝衔接以及电子台账和统计报表的自动生成,实现同统计云联网直报系统的对接,确保统计源头数据真实准确、完整及时。需要说明的是,电子统计台账建设不能搞"一刀切",要充分考虑统计调查对象自身信息化建设水平等实际情况,分类有序推进。

▶条文参见

《统计法实施条例》第17、23条;本法第44条

第二十五条 统计机构和有关部门互相提供有关资料

县级以上人民政府有关部门应当及时向本级人民政府统计机构提供统计所需的行政记录资料和国民经济核算所需的财务资料、财政资料及其他资料,并按照统计调查制度的规定及时向本级人民政府统计机构报送其组织实施统计调查取得的有关资料。

县级以上人民政府统计机构应当及时向本级人民政府有关部门提供有关统计资料。

▶理解与适用

[行政记录资料]

行政记录资料,是指国家行政机关在行使行政管理职能过程中,通过审批、注册登记等方式收集并保存大量信息数据。具体包括:(1)个人信息记录数据,包括户籍、卫生医疗保

障、教育、就业等方面的登记信息等。(2) 单位信息记录数据，包括对企业事业单位和机关等的注册登记记录。(3) 自然和资源记录数据，包括气象、地震、土地、矿产资源、环境资源等信息。(4) 其他管理记录数据，包括知识产权申报、进出口报关登记、出入境登记记录、资质评定、传感器记录等。

[国民经济核算]

我国国民经济核算由基本核算和扩展核算组成。基本核算旨在对国民经济运行过程进行系统描述，包括国内（地区）生产总值核算、投入产出核算、资金流量核算、资产负债核算、国际收支核算。扩展核算是对基本核算内容的补充和扩展，重点对国民经济中的某些特殊领域的活动进行描述，以满足特定类型分析和专门领域管理的需要，包括资源环境核算、数字经济核算、文化及相关产业核算、旅游及相关产业核算等。由此可见，统计机构要组织开展国民经济核算工作，必须由政府有关部门尤其是财政等部门提供有关的财政资料、财务资料以及其他资料。

▶条文参见

《统计法实施条例》第2条

第二十六条　统计机构定期公布统计资料

县级以上人民政府统计机构按照国家有关规定，定期公布统计资料。

国家统计数据以国家统计局公布的数据为准。

▶理解与适用

[统计机构定期公布统计资料]

公布统计资料，是指按照一定的程序和方式向社会公开统计调查监测取得的有关资料和数据。

本条第1款中的"国家有关规定",首先是指经批准的统计调查制度关于公布统计资料的规定。同时,公布统计资料要遵守本法和其他法律、行政法规以及国务院关于统计资料公布权限、程序、期限、保密要求等方面的规定;对于县级以上地方人民政府统计机构而言,还要遵守地方性法规和本级政府的规定。例如,2021年6月国家统计局印发《国家统计质量保证框架(2021)》,所提出的数据公布环节的质量控制要求,主要包括:一是按时公布数据。严格按照统计数据发布日程表定期公布统计数据。二是规范公布内容。严格执行数据公布的有关规定,在公布统计数据的同时,还应公布数据来源、统计方法、统计口径、统计标准、指标概念等,保证社会各界正确理解和使用统计数据。三是拓宽公布渠道。重要统计数据要通过新闻发布会、官方网站和其他媒体同时公布,保证用户获取统计数据的公平性。要充分运用发布会、官方网站、统计出版物、微信客户端等多种渠道及时公布统计数据,保证用户获取统计数据的便捷性。

[国家统计数据以国家统计局公布的数据为准]

规定国家统计数据以国家统计局公布的数据为准,能够有效保证国家统计数据的权威性和公信力。如果各地方、各部门公布的数据涉及国家统计数据的有关指标与国家统计局公布的数据不一致,应以国家统计局公布的数据为准。

▶条文参见

《统计法实施条例》第24、25条

第二十七条　有关部门公布统计资料

县级以上人民政府有关部门统计调查取得的统计资料,由本部门按照国家有关规定公布。

▶理解与适用

本条规定的统计资料的公布主体是组织开展统计调查项目的县级以上人民政府有关部门,而不是由县级以上人民政府或者县级以上人民政府统计机构予以公布。例如,有关交通运输的统计调查项目,根据《交通运输统计管理规定》的规定,由交通运输部按照统计调查制度公布本部门调查取得的全国综合交通运输和公路、水路及城市客运领域统计资料;地方各级人民政府交通运输主管部门按照职责和规定,归口管理、协调本部门调查取得的本行政区域内综合交通运输和公路、水路及城市客运领域统计资料的公布工作。

▶条文参见

《统计法实施条例》第25、28条

第二十八条　统计调查对象身份资料安全

统计调查中获得的能够识别或者推断单个统计调查对象身份的资料,任何单位和个人不得对外提供、泄露,不得用于统计以外的目的。

▶理解与适用

[能够识别或者推断单个统计调查对象身份的资料]

"能够识别或者推断单个统计调查对象身份的资料"一般是指,通过对统计资料的识别或者推断,能够判断该统计资料反映的是具体哪一个单位或者个人的有关情况。根据《统计法实施条例》第29条,能够识别或者推断单个统计调查对象身份的资料包括:直接标明单个统计调查对象身份的资料;虽未直接标明单个统计调查对象身份,但是通过已标明的地址、编码等相关信息可以识别或者推断单个统计调查对象身份的资料;可以推断单个统计调查对象身份的汇总资料。

[对外提供]

"对外提供"是指将"能够识别或者推断单个统计调查对象身份的资料"提供给统计调查项目的制定机关和组织实施机构,以及为履行法定职责依法获取个体统计资料的其他政府部门以外的单位和个人。

[泄露]

"泄露"是指故意向不应知悉者透露或因过失导致不应知悉者获悉有关信息。

[不得用于统计以外的目的]

这是通过目的限制的方式,明确不能将"能够识别或者推断单个统计调查对象身份的资料"用于完成统计调查、统计分析、提供统计资料和统计咨询意见、实行统计监督之外的目的。实践中,国家司法机关申请将上述统计资料用作诉讼证据,税务机关申请利用上述统计资料计征税款,个别地方政府部门希望通过签订保密协议等方式获得单个企业数据以调度企业数据,均属于用于统计以外的目的。

▶条文参见

本法第42条;《统计法实施条例》第28-30、45、46条

第二十九条　统计资料公开

县级以上人民政府统计机构和有关部门统计调查取得的统计资料,除依法应当保密的外,应当及时公开,供社会公众查询。

▶理解与适用

《政府信息公开条例》规定,国民经济和社会发展统计信息是行政机关应当主动公开的政府信息。统计资料的公开还应当符合及时性的要求。例如,国家统计局的月度国民经济运行

情况新闻发布会一般在次月 15 日左右召开,同时通过国家统计局数据发布库公开更加详细的统计数据,保障社会公众能够方便及时获取数据。

▶条文参见

本法第 11、28 条;《政府信息公开条例》第 14、15 条;《统计法实施条例》第 26-28 条

第四章 统计机构和统计人员

第三十条 政府统计机构和乡镇统计工作岗位及其职责

> 国务院设立国家统计局,依法组织领导和协调全国的统计工作。
>
> 国家统计局根据工作需要设立的派出调查机构,承担国家统计局布置的统计调查等任务。
>
> 县级以上地方人民政府设立独立的统计机构,乡、镇人民政府设置统计工作岗位,配备专职或者兼职统计人员,依法管理、开展统计工作,实施统计调查。

▶理解与适用

本条是关于政府统计机构和乡、镇统计工作岗位及其职责的规定。

[国家统计局的设立和主要职责]

为了实施国家统计调查,进行国民经济核算,组织领导和协调全国统计工作,国务院设立国家统计局作为其直属机构。国家统计局的主要职责包括:

(1) 承担组织领导和协调全国统计工作,确保统计数据真实、准确、及时的责任。制定统计政策、规划、全国基本统

计制度和国家统计标准，起草统计法律法规草案，制定部门规章，指导全国统计工作。

（2）建立健全国民经济核算体系，拟订国民经济核算制度，组织实施全国及省、自治区、直辖市国民经济核算制度和全国投入产出调查，核算全国及省、自治区、直辖市国内生产总值，汇编提供国民经济核算资料，监督管理各地区国民经济核算工作。

（3）会同有关部门拟订重大国情国力普查计划、方案，组织实施全国人口、经济、农业等重大国情国力普查，汇总、整理和提供有关国情国力方面的统计数据。

（4）组织实施农林牧渔业、工业、建筑业、批发和零售业、住宿和餐饮业、房地产业、租赁和商务服务业、居民服务和其他服务业、文化体育和娱乐业以及装卸搬运和其他运输服务业、仓储业、计算机服务业、软件业、科技交流和推广服务业、社会福利业等统计调查，收集、汇总、整理和提供有关调查的统计数据，综合整理和提供地质勘查、旅游、交通运输、邮政、教育、卫生、社会保障、公用事业等全国性基本统计数据。

（5）组织实施能源、投资、消费、价格、收入、科技、人口、劳动力、社会发展基本情况、环境基本状况等统计调查，收集、汇总、整理和提供有关调查的统计数据，综合整理和提供资源、房屋、对外贸易、对外经济等全国性基本统计数据。

（6）组织各地区、各部门的经济、社会、科技和资源环境统计调查，统一核定、管理、公布全国性基本统计资料，定期发布全国国民经济和社会发展情况的统计信息，组织建立服务业统计信息共享制度和发布制度。

（7）对国民经济、社会发展、科技进步和资源环境等情况进行统计分析、统计预测和统计监督，向党中央、国务院及有关部门提供统计信息和咨询建议。

（8）审批部门统计标准，依法审批或者备案各部门统计调查项目、地方统计调查项目，指导专业统计基础工作、统计基层业务基础建设，组织建立服务业统计信息管理制度，建立健全统计数据质量审核、监控和评估制度，开展对重要统计数据的审核、监控和评估，依法监督管理涉外调查活动。

（9）协助地方管理省、自治区、直辖市统计局局长和副局长，指导全国统计专业技术队伍建设，会同有关部门组织管理全国统计专业资格考试、职务评聘，监督管理地方政府统计部门由中央财政提供的统计经费和专项基本建设投资。

（10）组织管理全国统计工作的监督检查，查处重大统计违法行为。

（11）建立并管理国家统计信息自动化系统和统计数据库系统，组织制定各地区、各部门统计数据库和网络的基本标准和运行规则，指导地方统计信息化系统建设。

（12）收集、整理国际统计数据，组织实施统计工作方面的国际交流合作项目，组织实施国际间统计资料交换和统计交流合作项目。

（13）承办国务院交办的其他事项。

此外，党的十八大以来，按照党中央决策部署，国家统计局新增了地区生产总值统一核算、高质量发展综合绩效评价、统计督察等一系列重要职责。

[国家统计局设立派出调查机构]

国家统计局各级调查队是国家统计局的派出调查机构，承担国家统计局布置的统计调查等任务，独立于地方人民政府统计机构。

[县级以上地方人民政府设立统计机构]

县级以上地方人民政府必须设立专门的独立行使职权的统

计机构，不得随意撤并，不能将统计机构作为其他部门的内设机构，或者接受其他部门的领导。此外，《统计法实施条例》第32条第1款规定，县级以上地方人民政府统计机构受本级人民政府和上级人民政府统计机构的双重领导，在统计业务上以上级人民政府统计机构的领导为主。

[乡、镇人民政府设置统计工作岗位]

《统计法实施条例》第32条第2款规定，乡、镇统计人员在统计业务上受上级人民政府统计机构领导；乡、镇统计人员的调动，应当征得县级人民政府统计机构的同意。乡、镇统计人员的主要职责是开展统计工作，实施统计调查，包括完成上级人民政府和本级人民政府布置的统计调查任务，提供统计资料。

▶条文参见

《统计法实施条例》第32条

第三十一条　有关部门统计机构、统计人员的设置及其职责

> 县级以上人民政府有关部门根据统计任务的需要设立统计机构，或者在有关机构中设置统计人员，并指定统计负责人，依法组织、管理本部门职责范围内的统计工作，实施统计调查，在统计业务上受本级人民政府统计机构的指导。

▶理解与适用

[部门统计机构设置和人员配置]

我国政府统计由国家统计、部门统计和地方统计构成。统计调查项目包括国家统计调查项目、部门统计调查项目和地方统计调查项目。其中，部门统计调查项目是指国务院有关部门的专业性统计调查项目，地方统计调查项目是指县级以上地方人民政府及其部门的地方性统计调查项目。

(1) 县级以上人民政府有关部门。本条中的"县级以上人民政府有关部门",既包括省级、市级、县级人民政府有关部门,也包括国务院各有关部门。

(2) 统计任务需要。县级以上各级人民政府有关部门除依法承担国家统计调查、地方统计调查任务外,主要负责组织实施部门统计调查。例如,部门承担的常规性国家统计调查项目主要有服务业财务状况统计,运输邮电业统计,对外经济贸易和旅游综合统计,铁路、航空、公路、水上运输企业能源统计,石油生产企业石油产品统计,石油销售企业石油商品统计,环境综合统计,妇女儿童状况综合统计等。同时,一些事关经济社会发展的重要统计项目也由部门组织实施,如金融统计、进出口统计、财政统计、教育统计、卫生统计等。

(3) 设置方式。由于各部门的实际情况不同,本条对部门统计机构和统计人员的设置作了灵活性规定,即县级以上人民政府有关部门可以根据统计任务的需要进行选择:一是设立专门的统计机构,二是在有关机构中设置统计人员。统计信息需求量大的部门,可以设立统计机构;统计信息需求量小的部门,其统计工作可以通过在有关局处或者科室设置统计人员来完成。

[部门统计的职责要求]

部门统计的职责要求主要包括:一是依法管理本部门统计工作;二是完成国家统计调查任务;三是执行国家统计标准;四是拟定统计调查项目及其统计调查制度;五是组织实施统计调查,国务院有关部门组织实施部门统计调查项目及其统计调查制度,地方政府有关部门组织实施本部门制定的地方统计调查项目及其统计调查制度;六是公布本部门组织实施的统计调查取得的统计资料;七是开展统计分析;八是实施统计监督；九是管理本部门组织实施的统计调查所取得的资料。

▶条文参见

《统计法实施条例》第 32、33 条

第三十二条　统计机构、统计人员的履职要求

统计机构、统计人员应当依法履行职责，如实搜集、报送统计资料，不得伪造、篡改统计资料，不得以任何方式要求任何单位和个人提供不真实的统计资料，不得有其他违反本法规定的行为。

统计人员应当坚持实事求是，恪守职业道德，对其负责搜集、审核、录入的统计资料与统计调查对象报送的统计资料的一致性负责。

第三十三条　统计人员进行统计调查时的权力和义务

统计人员进行统计调查时，有权就与统计有关的问题询问有关人员，要求其如实提供有关情况、资料并改正不真实、不准确的资料。

统计人员进行统计调查时，应当出示县级以上人民政府统计机构或者有关部门颁发的工作证件；未出示的，统计调查对象有权拒绝调查。

▶理解与适用

[统计人员进行统计调查时的权力]

（1）询问有关人员。为了核实统计数据的真实性、完整性，统计人员开展统计调查时，需要了解统计调查对象的具体情况，有权就统计数据的计算方法、依据和材料来源等询问有关人员，有关人员有义务如实回答。比如，开展经济普查时，

需要询问企业的财务状况、市场表现以及未来规划等，以便更好地进行数据采集、数据处理等工作。因此，法律规定统计人员有权了解调查情况，询问提供资料情况等。需要强调的是，统计人员只能就与统计工作相关的问题进行询问，不得询问其他无关问题；本条第1款规定的"有关人员"既包括统计调查对象，也包括开展统计调查涉及的有关机构、单位和人员。

（2）要求提供有关情况和资料。一般而言，进行统计调查时，统计人员会按照统计调查制度或调查方案规定的时间、内容和方式，通过入户调查、网络报送等方式采集原始数据，有关人员根据实际情况，实事求是地填报统计调查表并提供有关情况。例如，开展经济普查，对个体经营户进行入户普查登记时，需要个体经营户提供相关证照以及收入支出相关材料等。针对有些调查对象不愿提供真实的经营情况和资料等问题，统计人员有权要求调查对象如实提供相关情况和资料，不得隐瞒不报或不如实说明。

（3）要求改正不真实、不准确、不完整的资料。统计人员收到统计调查对象报送的统计资料后，应当履行审核职责，对统计资料的真实性和准确性进行审核，如需要判断数据是否符合实际情况，是否有逻辑上的矛盾，是否与相关指标相衔接等。当统计调查对象提供的资料不真实、不准确、不完整时，统计人员有权要求其改正，修改不准确、不真实的统计资料，补齐不完整的统计资料。

[统计人员进行统计调查时的义务]

（1）出示工作证件。工作证件是统计人员依法执行政府统计调查任务时证明其身份的有效证件。一般来说，工作证件会载明持证人的姓名、性别、照片、所在单位或者聘用单位名称、发证日期、有效期限等信息。统计人员进行统计调查时，应当向统计调查对象表明身份，以取得统计调查对象对统计调查的支持和配合。

（2）未出示工作证件的后果。统计人员在进行调查时未出示工作证件的，统计调查对象有权拒绝调查要求。

▶条文参见

《统计调查证管理办法》

第三十四条　提高统计人员专业素质

国家实行统计专业技术职务资格考试、评聘制度，提高统计人员的专业素质，保障统计队伍的稳定性。

统计人员应当具备与其从事的统计工作相适应的专业知识和业务能力。

县级以上人民政府统计机构和有关部门应当加强对统计人员的专业培训和职业道德教育。

▶理解与适用

[国家实行统计专业技术资格考试、评聘制度]

（1）统计专业技术资格考试制度。根据有关规定，统计专业技术资格实行全国统一组织、统一大纲、统一命题的考试制度。国家统计局、人力资源社会保障部共同负责统计专业技术资格的政策制定、组织实施、监督指导、考试安全风险防控。

（2）统计专业职务评聘制度。统计专业人员职称分为初级、中级、高级。初级只设助理级，高级分设副高级和正高级。初级、中级、副高级和正高级职称的名称分别为助理统计师、统计师、高级统计师和正高级统计师。助理统计师、统计师实行以考代评的方式，高级统计师实行考试与评审相结合的方式，正高级统计师一般采取评审方式。按规定，统计初级、中级专业技术资格考试合格可获得初级、中级统计专业技术资格，即具备助理统计师、统计师职称。用人单位可以根据工作需要和取得资格人员的业务能力决定其职务。

统计专业人员各级别职称分别与事业单位专业技术岗位等级相对应。正高级对应专业技术岗位一至四级，副高级对应专业技术岗位五至七级，中级对应专业技术岗位八至十级，初级对应专业技术岗位十一至十三级。

[对统计人员的能力要求]

为了保障统计工作的顺利开展，提高统计工作的质量，本条第2款规定，统计人员应当具备与其从事的统计工作相适应的专业知识和业务能力。

(1) 专业知识。统计相关的专业知识涵盖经济、统计、法律等多个领域，涉及统计学、概率论与数理统计、经济信息管理、会计学、调查分析、经济学等众多专业。统计人员需要掌握统计学基本知识、了解国家相关统计法律法规，具备从事统计工作所需的基本专业知识和法律常识。例如，统计学基础知识方面，需要掌握搜集数据的常用方法及其特点和应用条件，熟悉统计学基本概念，了解统计学的发展和数据来源的主要渠道，掌握描述统计数据特征的基本方法及其适用性，掌握单个总体参数估计的方法，掌握样本量的影响因素和确定方法，了解评价估计量优劣的标准等；统计法规方面，需要掌握统计法律规范的基本特征、效力和基本原则，统计调查对象的权利义务、违法行为种类和相应法律责任，统计机构、统计人员的职责职权，违法行为种类和相应法律责任，统计行政许可项目的法律依据、认定机关，统计执法检查的对象、主要内容、机构和统计执法检查人员的主要职责和职权等。

(2) 业务能力。统计业务体系主要包括基本单位名录库、统计标准体系、统计调查项目、统计调查制度、统计调查规范等，是科学有效开展统计工作、确保统计数据质量、充分发挥统计职能作用的重要依托。统计业务流程主要包括确定需求、调查设计、核准备案、任务部署、数据采集、数据处理、数据评估、数据公布与传播、统计分析、项目评估十个环节。统计人员需要具备的业务能力包括组织开展统计调查的能力、整理和分析统计资料的能力、提出统计咨询意见的能力等。

▶条文参见

《统计法实施条例》第36条

第五章 监督检查

第三十五条　政府监督

县级以上人民政府对下级人民政府、本级人民政府统计机构和有关部门执行本法的情况，实施监督。

▶理解与适用

［监督主体］

2024年修改删除了"及其监察机关"的表述，将实施监督的主体由"县级以上人民政府及其监察机关"调整为"县级以上人民政府"。这是为了适应我国监察体制改革，做好与《监察法》的衔接。根据《宪法》《监察法》的相关规定，监察委员会是实现党和国家自我监督的政治机关，不是行政机关、司法机关，监察委员会依照法律规定独立行使监察权，不受行政机关、社会团体和个人的干涉。

第三十六条　查处统计违法行为权限

国家统计局组织管理全国统计工作的监督检查，查处重大统计违法行为。

> 县级以上地方人民政府统计机构依法查处本行政区域内发生的统计违法行为。但是，国家统计局派出的调查机构组织实施的统计调查活动中发生的统计违法行为，由组织实施该项统计调查的调查机构负责查处。
>
> 法律、行政法规对有关部门查处统计违法行为另有规定的，从其规定。

▶理解与适用

本条是关于政府统计机构和有关部门查处统计违法行为权限的规定。

[国家统计局的职责权限]

本条第1款对国家统计局在监督检查中的权限作了规定。

（1）组织管理全国统计工作的监督检查。国家统计局组织管理统计工作的监督检查，主要包括以下几个方面：一是对统计法律、行政法规、政策、统计规划和统计制度的执行情况进行监督检查。二是对领导干部是否存在违法干预统计机构和统计人员独立行使统计职权的情况等进行监督检查，如监督检查领导干部是否存在明示、暗示下级单位及其人员或者统计调查对象提供虚假统计数据等。三是对统计机构和统计人员依法履行职责的情况进行监督检查，如监督检查统计机构和统计人员是否如实搜集、报送统计资料，是否伪造、篡改统计资料等。四是对统计资料的真实性、准确性、完整性、及时性进行监督检查。

（2）查处重大统计违法行为。统计违法行为主要分为以下几类：统计调查对象的统计违法行为，如拒绝提供统计资料、迟报统计资料、提供不真实统计资料、阻碍统计调查等行为；有关地方、部门、单位的负责人的统计违法行为，如编造虚假统计数据，要求统计机构、统计人员伪造、篡改统计资料,对依法履行职责的单位和个人实施打击报复等行为;统计机构、统计人员的统计违法行为,如要求统计调查对象或者其他机构、人员提供不真实的统计资料,违反《统计法》有关保密规定违法使用统计调查证等行为。

根据级别管辖、属地管辖等原则,法律明确规定,国家统计局负责查处重大的统计违法行为。一是情节严重或者影响恶劣的统计造假、弄虚作假案件;二是对国家重大决策部署贯彻不力的案件,如严重违背国家统计调查制度的重大案件;三是重大国情国力调查中发生的严重统计造假、弄虚作假案件,如在全国人口普查、全国农业普查中发生的影响全国普查数据质量的案件,严重违背普查方案和普查制度的案件等。

[县级以上地方人民政府统计机构及国家统计局派出的调查机构的职责权限]

(1) 县级以上地方人民政府统计机构的职责权限。根据属地管辖原则,县级以上地方人民政府统计机构对本行政区域内发生的统计违法行为予以查处,包括有关部门组织实施的统计调查活动中发生的统计违法行为。有关部门在其组织实施的统计调查中,可以对数据质量等相关工作进行监督检查,发现统计违法问题线索,移交同级人民政府统计机构进行查处。"县级以上地方人民政府统计机构"包括省级、市级、县级人民政府设立的独立的统计机构,如省级统计局、市级统计局、县级统计局等。

(2) 国家统计局派出的调查机构的职责权限。国家统计局根据工作需要设立派出调查机构,承担国家统计局布置的统计调查等任务。国家统计局各级调查队是国家统计局的派出机构,国家统计局对各级调查队实行垂直管理。各级调查队机构、编制、干部、经费、业务由国家统计局统一管理。由于这些派出调查机构在组织管理上不属于地方人民政府,且对其组织实施的统计调查情况更了解,为避免职责交叉,更有利于查处统计违法行为,本条规定,国家统计局派出的调查机构组织实施的统计调查活动中发生的统计违法行为,由组织实施该项统计调查的调查机构负责查处。

[有关部门查处统计违法行为的例外规定]

部门统计调查项目是国务院有关部门依法履行职责、根据其业务管理需要进行的专业性统计调查,调查对象主要为本部门或本行业监管的单位。由于部门统计调查项目的专业性、时效性都很强,因此有的法律、行政法规规定,政府有关部门对其组织实施的统计调查活动中发生的统计违法行为有进行查处的权力。例如,《海关行政处罚实施条例》规定,海关查处影响海关统计准确性的违法行为。为了做好与这些法律法规的衔接,本法规定,法律、行政法规对有关部门查处统计违法行为另有规定的,应当依照其规定执行。

▶条文参见

《统计法实施条例》第37-39条;《海关行政处罚实施条例》第15条

第三十七条 协助查处规定

县级以上人民政府有关部门应当积极协助本级人民政府统计机构查处统计违法行为,及时向本级人民政府统计机构移送有关统计违法案件材料。

▶理解与适用

本条是关于政府有关部门协助政府统计机构查处统计违法行为的规定。

[协助义务的主体]

协助义务的主体是县级以上人民政府有关部门,包括县级、市级、省级和国务院有关部门。其中,"有关部门"不仅包括有权制定、组织开展统计调查项目的部门,也包括其他与统计调查工作相关的部门。例如,在开展全国人口普查、全国经济普查等重大国情国力调查过程中,与普查工作相关的部门都有协助统计机构查处统计违法行为的义务。

第三十八条 监督检查措施

县级以上人民政府统计机构在调查统计违法行为或者核查统计数据时,有权采取下列措施:

(一)发出统计检查查询书,向检查对象查询有关事项;

(二)要求检查对象提供有关原始记录和凭证、统计台账、统计调查表、会计资料及其他相关证明和资料;

(三)就与检查有关的事项询问有关人员;

(四)进入检查对象的业务场所和统计数据处理信息系统进行检查、核对;

(五)经本机构负责人批准,登记保存检查对象的有关原始记录和凭证、统计台账、统计调查表、会计资料及其他相关证明和资料;

(六)对与检查事项有关的情况和资料进行记录、录音、录像、照相和复制。

县级以上人民政府统计机构进行监督检查时,监督检查人员不得少于二人,并应当出示执法证件;未出示的,有关单位和个人有权拒绝检查。

▶理解与适用

[统计机构监督检查措施]

(1)发出统计检查查询书,向检查对象查询有关事项。统计检查查询书应当对查询的具体内容予以明确,包括但不限于相关统计指标的填报口径、方法和填报该统计指标所需的财务资料、原始记录、统计台账和其他证明资料等。检查对象如拒绝答复、逾期不作答复或者不如实答复统计检查查询书，应当承担相应的法律责任。

(2) 要求检查对象提供有关原始记录和凭证、统计台账、统计调查表、会计资料及其他相关证明和资料。原始记录是用数字或文字对生产经营活动的最初记载，是生产经营或业务活动的原始反映，如产品出入库单、工资表、考勤表等；原始凭证是在经济业务发生时取得或填制的，用以记录和证明经济业务发生或完成情况的凭证，如发票、银行结算单据、现金收据等。统计台账是根据填报统计报表和统计核算工作的需要，用一定的表格形式，将分散的原始记录资料按规定的指标和时间先后顺序进行系统登记、积累和汇总统计的账册，如工业总产值统计台账、固定资产投资统计台账等。统计调查表是由统计调查的组织实施者根据统计调查需要制发的用以对统计调查对象进行登记、搜集相关原始数据和资料、要求调查对象按照一定规定填报的表格，如工业产销总值及主要产品产量（B204-1表）、从业人员及工资总额（202-1表）等。会计资料是在会计核算过程中形成的，记录和反映实际发生经济业务事项的会计专业资料，主要包括会计凭证、会计账簿、财务会计报告等。其他相关证明和资料指上述内容以外的，检查对象日常产生的与统计工作相关的有关证明和资料，如政府部门文件收发目录和会议记录、内部请示报告、工作总结、目标任务和奖励文件、与统计工作相关的QQ、微信工作记录等。

(3) 就与检查有关的事项询问有关人员。询问的事项必须与检查事项相关联，不得提出与检查事项无关的问题。"有关人员"包括但不限于统计人员、单位负责人和有关人员等。

(4) 进入检查对象的业务场所和统计数据处理信息系统进行检查、核对。检查人员根据工作需要，有权进入检查对象的生产经营、项目施工现场和销售、财务等有关管理部门等场所，对统计数据的来源、采集、处理和报送等内容进行检查。现场登录与处理统计数据信息有关的电子系统，如对统计云联网直报平台、财务系统、税务系统、企业生产管理系统等进行检查、核对。

（5）经本机构负责人批准，登记保存检查对象的有关原始记录和凭证、统计台账、统计调查表、会计资料及其他相关证明和资料。在执法检查过程中，检查人员认为与统计工作相关证据可能灭失或者以后难以取得的情况下，经本机构负责人批准，有权向检查对象出具证据先行登记保存通知书，对上述资料先行登记保存。检查人员对先行登记保存的资料应依法搜集、妥善保管，使用结束后应当及时归还。

（6）对与检查事项有关的情况和资料进行记录、录音、录像、照相和复制。在检查过程中，检查人员应通过制作现场检查笔录和询问笔录、启动执法记录仪、照相、拷贝电子资料、复印纸质资料等方式，对与检查事项有关的情况和资料进行合法、客观、全面的收集，形成书证、物证、电子数据、视听资料、证人证言等证明违法事实的材料。

第三十九条　有关单位和个人的配合义务

县级以上人民政府统计机构履行监督检查职责时，有关单位和个人应当如实反映情况，提供相关证明和资料，不得拒绝、阻碍检查，不得转移、隐匿、篡改、毁弃原始记录和凭证、统计台账、统计调查表、会计资料及其他相关证明和资料。

▶理解与适用

［有关单位和个人的配合义务］

（1）有关单位和个人应当如实反映情况，提供相关证明和资料。如实反映情况，也就是要求检查对象按照统计机构的要求，将所掌握的有关监督检查所需要的情况，以及相关证明和资料，实事求是地向统计机构提供。例如，不得向检查人员提供虚假合同、财务账目、会计凭证、工程进度单、入库单等虚假材料，从而严重干扰检查取证工作。

（2）不得拒绝、阻碍检查。在接受检查时，有关单位和个人要为统计监督检查机构依法履行职责提供便利，不能消极应付，更不能采取违法方式阻碍检查，拒绝在有关证据材料上签字、盖章，甚至辱骂、威胁检查人员。

（3）不得转移、隐匿、篡改、毁弃原始记录和凭证、统计台账、统计调查表、会计资料及其他相关证明和资料。例如，不得将有关文件、资料或办公电脑中的相关电子文档进行转移，将会计账本、统计台账等证据资料隐匿、篡改、毁弃，制作虚假迎检材料。

第六章 法律责任

第四十条　统计造假、弄虚作假法律责任

地方各级人民政府、县级以上人民政府统计机构或者有关部门、单位的负责人有下列行为之一的，由任免机关、单位或者监察机关依法给予处分，并由县级以上人民政府统计机构予以通报：

（一）自行修改统计资料、编造虚假统计数据的；

（二）要求统计机构、统计人员或者其他机构、人员伪造、篡改统计资料的；

（三）明示、暗示下级单位及其人员或者统计调查对象填报虚假统计数据的；

（四）对本地方、本部门、本单位发生的统计数据严重失实情况和严重统计违法行为失察的；

（五）有其他统计造假、弄虚作假行为的。

对依法履行职责或者拒绝、抵制统计违法行为的单位和个人打击报复的，依照前款规定给予处分和予以通报。

▶理解与适用

所谓自行修改统计资料，是指未按照规定的程序和要求，擅自修改统计资料的行为；编造虚假统计数据，是指没有事实根据，故意或凭主观臆测捏造不真实的统计数据的行为；要求统计机构、统计人员或者其他机构、人员伪造、篡改统计资料，是指以强令、授意、胁迫等方式要求有关单位或个人伪造、篡改统计资料的行为；明示、暗示下级单位及其人员或者统计调查对象填报虚假统计数据，是指通过会议布置、下发文件、口头指令、现场督办、要求表态发言等方式，直接或者间接要求下级单位及其人员或者统计调查对象填报虚假统计数据的行为；对本地方、本部门、本单位发生的统计数据严重失实情况和严重统计违法行为失察，是指地方人民政府、政府统计机构或者有关部门、单位的负责人对本地方、本部门、本单位的统计数据严重失实的情况和严重统计违法行为（严重统计违法行为可依据《统计法实施条例》第40条等有关规定结合实际情况判断）应当发现而没有发现，或者发现后不予纠正，而是听之任之，造成不良后果；其他统计造假、弄虚作假行为，是指除上述情形以外的统计违法行为。

对依法履行职责或者拒绝、抵制统计违法行为的单位和人员打击报复，是指利用权力，对依法履职或拒绝、抵制统计违法行为的单位进行处罚或对相关人员采取撤职、降级、调离岗位、物质处罚等方式进行打击、迫害的行为。

[处分]

处分的种类有6种,从轻到重依次为警告、记过、记大过、降级、撤职、开除。处分的期间为:警告,6个月;记过,12个月;记大过,18个月;降级、撤职,24个月。公职人员受到开除以外的处分,在处分期内有悔改表现,并且没有再发生应当给予处分的违法行为的,处分期满后自动解除,晋升职务、职级、衔级、级别、岗位和职员等级、职称、薪酬待遇不再受原处分影响。但是,解除降级、撤职的,不恢复原职务、职级、衔级、级别、岗位和职员等级、职称、薪酬待遇。

[通报]

本条中规定的通报是指在一定范围内以一定方式对违法行为及其处理情况予以公开。对统计违法行为的通报包括内部通报和外部通报。内部通报一般是在统计系统内部或政府有关部门间进行通报,通报的方式包括印发文件、内网登载和召开警示教育会等。外部通报是指向社会公开通报,通报的渠道包括政府统计机构门户网站、统计新媒体平台等。通报的内容一般包括统计违法的事实和情节、依法应当追究的法律责任、责任单位和责任人处分处理结果等。

▶条文参见

《监察法》第11、52条;《公务员法》第61-65条;《公职人员政务处分法》

第四十一条 政府统计机构、有关部门统计调查相关法律责任

县级以上人民政府统计机构或者有关部门有下列行为之一的,由本级人民政府、上级人民政府统计机构或者本级人民政府统计机构责令改正,予以通报;对负有责任的领导人员和直接责任人员,由任免机关或者监察机关依法给予处分:

（一）未经批准或者备案擅自组织实施统计调查的；

（二）未经批准或者备案擅自变更统计调查制度的内容的；

（三）伪造、篡改统计资料的；

（四）要求统计调查对象或者其他机构、人员提供不真实的统计资料的；

（五）未按照统计调查制度的规定报送有关资料的。

统计人员有前款第三项至第五项所列行为之一的，责令改正，依法给予处分。

▶理解与适用

县级以上人民政府统计机构、有关部门及统计人员在组织实施统计调查活动中有本条规定的违法行为的，应当承担的法律责任包括三类：一是由本级人民政府、上级人民政府统计机构或者本级人民政府统计机构责令改正，予以通报。二是对负有责任的领导人员和直接责任人员，由任免机关或者监察机关按照管理权限，根据违法行为的性质、情节及危害程度决定给予处分。2024年修改的《统计法》根据相关法律法规，将责任主体由原来的"直接负责的主管人员和其他直接责任人员"修改为"负有责任的领导人员和直接责任人员"。负有责任的领导人员，是指违法行为的决策人、事后对单位违法行为予以认可和支持的领导人员、因疏于管理或放任而对单位违法行为负有不可推卸的责任的领导人员。直接责任人员，是指直接实施违法行为的人员。三是县级以上人民政府统计机构和有关部门的统计人员以及乡、镇人民政府中的专职或者兼职的统计人员存在上述违法行为的，由统计人员所在单位依法给予处分。

[责令改正]

责令改正是指行政主体责令违法行为责任主体停止和纠正违法行为,以恢复原状、维持法定的秩序或者状态,具有事后救济性。改正违法行为的具体形式包括停止违法行为、恢复原状等。本条中的责令改正是指政府或者政府统计机构责令统计机构、有关部门或者统计人员停止或者纠正统计违法行为,严格依法组织和实施统计调查、提供统计资料、接受统计监督检查。

▶条文参见

本法第13、14、16、25、32条;《统计法实施条例》第49条

第四十二条　违反统计资料相关职责法律责任

县级以上人民政府统计机构或者有关部门有下列行为之一的,对负有责任的领导人员和直接责任人员由任免机关或者监察机关依法给予处分:

(一)违法公布统计资料的;

(二)泄露或者向他人非法提供统计调查对象的商业秘密、个人隐私、个人信息的;

(三)对外提供、泄露在统计调查中获得的能够识别或者推断单个统计调查对象身份的资料的;

(四)违反国家有关规定,造成统计资料毁损、灭失的。

统计人员有前款所列行为之一的,依法给予处分。

▶理解与适用

本条是关于政府统计机构、有关部门及统计人员违反有关统计资料的公布、保密、保存和管理等职责的法律责任的规定。

▶条文参见

本法第 11、16、23、26、27、28 条;《反不正当竞争法》第 9 条;《民法典》第 123、1032、1034 条;《统计法实施条例》第 49 条;《公职人员政务处分法》第 2、3 章

第四十三条　泄露国家秘密、工作秘密法律责任

统计机构、统计人员泄露国家秘密、工作秘密的,依法追究法律责任。

▶条文参见

《保守国家秘密法》第 57、58 条;《公职人员政务处分法》第 39 条;《刑法》第 398 条

第四十四条　拒绝配合统计调查和统计检查法律责任

作为统计调查对象的国家机关、企业事业单位或者其他组织有下列行为之一的,由县级以上人民政府统计机构责令改正,给予警告,可以予以通报;其负有责任的领导人员和直接责任人员属于公职人员的,由任免机关、单位或者监察机关依法给予处分:

(一)拒绝提供统计资料或者经催报后仍未按时提供统计资料的;

(二)提供不真实或者不完整的统计资料的;

(三)拒绝答复或者不如实答复统计检查查询书的;

(四)拒绝、阻碍统计调查、统计检查的;

(五)转移、隐匿、篡改、毁弃或者拒绝提供原始记录和凭证、统计台账、统计调查表及其他相关证明和资料的。

企业事业单位或者其他组织有前款所列行为之一的,可以并处十万元以下的罚款;情节严重的,并处十万元以上五十万元以下的罚款。

> 个体工商户有本条第一款所列行为之一的,由县级以上人民政府统计机构责令改正,给予警告,可以并处一万元以下的罚款。

▶理解与适用

本条是关于作为统计调查对象的国家机关、企业事业单位、其他组织或者个体工商户拒绝配合统计调查和统计检查的法律责任的规定。

[责令改正]

本条中规定的责令改正是指由县级以上人民政府统计机构,责令有统计违法行为的单位或个体工商户停止或者纠正统计违法行为。责令改正的目的是纠正违法行为,使其达到或者恢复合法状态。责令改正不具有惩戒性,不属于行政处罚,而是实施行政监督管理的一项重要措施。

[警告]

本条中规定的警告是指县级以上人民政府统计机构对有关单位或个体工商户违反《统计法》的警示,指令调查对象改正违法行为,促使其严格遵守《统计法》,不属于公职人员任免机关、单位或者监察机关依据《公职人员政务处分法》作出的政务处分,属于行政处罚。

[罚款]

罚款作为财产罚的类型之一,是指行政机关对实施行政违法行为的当事人进行的一种经济型制裁,通过使当事人财产受到损失的方法起到惩戒的目的。本条中规定的罚款由县级以上人民政府统计机构负责实施。罚款额度根据违法主体的不同有所区别:对企业事业单位或者其他组织,可以并处10万元以下的罚款;情节严重的,并处10万元以上50万元以下的罚款。对个体工商户,可以并处1万元以下的罚款。需注意,本条中规定的罚款需与本条中规定的其他处罚措施并处，而不能单独作出。

根据《统计法实施条例》，下列情形属于本条第2款规定的情节严重行为：(1) 使用暴力或者威胁方法拒绝、阻碍统计调查、统计监督检查；(2) 拒绝、阻碍统计调查、统计监督检查，严重影响相关工作正常开展；(3) 提供不真实、不完整的统计资料，造成严重后果或者恶劣影响；(4) 有本条第1款所列违法行为之一，1年内被责令改正3次以上。

▶条文参见

本法第38、39条；《统计法实施条例》第50条

第四十五条　统计调查对象相关法律责任

作为统计调查对象的国家机关、企业事业单位或者其他组织迟报统计资料，或者未按照国家有关规定设置原始记录、统计台账的，由县级以上人民政府统计机构责令改正，给予警告，可以予以通报；其负有责任的领导人员和直接责任人员属于公职人员的，由任免机关、单位或者监察机关依法给予处分。

企业事业单位或者其他组织有前款所列行为之一的，可以并处五万元以下的罚款。

个体工商户迟报统计资料的，由县级以上人民政府统计机构责令改正，给予警告，可以并处一千元以下的罚款。

▶条文参见

本法第8、24条；《公职人员政务处分法》第2、3章；《公务员法》第61条

第四十六条　处分建议的提出及处理

县级以上人民政府统计机构查处统计违法行为时，认为对有关公职人员依法应当给予处分的，应当向该公职人员的任免机关、单位提出给予处分的建议，该公职人员的任免机关、单位应当依法及时作出决定，并将结果书面通知县级以上人民政府统计机构；向监察机关移送的，由监察机关按照有关规定办理。

▶理解与适用

本条是关于政府统计机构提出处分建议和有关机关对处分建议如何处理的规定。

根据本法第36条和《统计法实施条例》第39条，县级以上人民政府统计机构负有依法查处统计违法行为的职责。同时，根据《监察法》《公职人员政务处分法》《公务员法》《事业单位人事管理条例》，实施处分的主体包括受处分对象的任免机关、所在单位或者监察机关。因此，县级以上人民政府统计机构对本统计机构和下级人民政府统计机构中的统计人员有权依法给予处分，对其他公职人员的处分决定，应由该公职人员的任免机关、单位或者监察机关依权限作出。

▶条文参见

本法第36条；《统计法实施条例》第39条

第四十七条　作为统计调查对象的个人的法律责任

作为统计调查对象的个人在重大国情国力普查活动中拒绝、阻碍统计调查，或者提供不真实或者不完整的普查资料的，由县级以上人民政府统计机构责令改正，予以批评教育。

第四十八条　利用虚假统计资料骗取利益法律责任

> 违反本法规定，利用虚假统计资料骗取荣誉称号、物质利益或者职务职级等晋升的，除对其编造虚假统计资料或者要求他人编造虚假统计资料的行为依法追究法律责任外，由作出有关决定的单位或者其上级单位、监察机关取消其荣誉称号，追缴获得的物质利益，撤销晋升的职务职级等。

▶理解与适用

本条从两个方面规定了违反本法规定应当承担的法律责任：一是县级以上人民政府统计机构应当依法追究有关单位和个人编造或者要求他人编造虚假统计资料行为的法律责任。本法对自行修改、伪造篡改、填报虚假统计数据等统计违法行为的处理处罚作了规定，应当依照上述规定追究相应法律责任。二是根据县级以上人民政府统计机构移交的统计违纪违法案件情况，作出授予荣誉称号，给予物质利益，晋升职务职级等决定的单位或者其上级单位、监察机关应当取消其授予的荣誉称号，追缴获得的物质利益，撤销晋升的职务职级等。(1) 取消授予的荣誉称号，是指撤销对单位、个人凭借虚假统计数据而在某一领域或者特定实践中被授予的具有光荣名誉性质的名称。(2) 追缴获得的物质利益，是指将已经发放的，用以奖励有关单位、个人在经济社会活动中作出突出贡献的经济利益予以追回收缴，如将统计调查对象利用虚假统计资料骗取的财政资金奖励予以追缴。(3) 撤销晋升的职务职级等，是指对已经晋升的职务职级等予以撤销，如发现公职人员通过组织参与统计造假获取职务职级等晋升的，取消该公职人员已经提任的领导职务级别或者提高的职级等级序列。

▶条文参见

本法第12条

第四十九条 行政复议、行政诉讼

当事人对县级以上人民政府统计机构作出的行政处罚决定不服的,可以依法申请行政复议或者提起行政诉讼。对国家统计局派出的调查机构作出的行政处罚决定不服的,向国家统计局申请行政复议。

▶理解与适用

[统计行政复议和行政诉讼的概念]

当事人对政府统计机构作出的行政处罚决定不服的,可以依法申请行政复议或者提起行政诉讼。根据《行政复议法》的规定,行政复议是指公民、法人或者其他组织认为行政机关的行政行为侵犯其合法权益,向行政复议机关提出行政复议申请,行政复议机关对原行政行为进行重新审查并作出决定的活动。

根据《行政诉讼法》的规定,行政诉讼是指公民、法人或者其他组织认为行政机关和行政机关工作人员的行政行为侵犯其合法权益,依法向人民法院提起诉讼,由人民法院进行审理并作出裁判的诉讼制度。

[统计行政复议和行政诉讼的程序及管辖]

依照《行政复议法》《行政诉讼法》的规定,当事人对县级以上人民政府统计机构作出的行政处罚决定不服的,可以申请行政复议,对复议决定不服的,还可以向人民法院提起行政诉讼。《行政处罚法》规定,作出行政处罚决定的程序分为简易程序和普通程序两种,其中在简易程序中规定,对违法事实确凿并有法定依据,对公民处以200元以下、对法人或者其他组织处以3000元以下罚款或者警告的行政处罚的,可以当场作出行政处罚决定。依据《行政复议法》和《行政诉讼法》的规定，对县级以上人民政府统计机构非当场作出的处罚决定可以选择不申请行政复议，直接向人民法院提起行政诉讼。对县级以上人民政府统计机构当场作出的处罚决定应当先向行政复议机关申请行政复议，对行政复议决定不服的，可以再依法向人民法院提起行政诉讼。

当事人对县级以上地方各级人民政府统计机构作出的行政处罚决定不服申请的行政复议，管辖机关为县级以上地方各级人民政府。

当事人对国家统计局依法作出的行政处罚决定，以及国家统计局依法设立的派出机构依照法律、行政法规、部门规章规定，以派出机构的名义作出的行政处罚决定不服，申请的行政复议的管辖机关为国家统计局。

根据《行政诉讼法》第18条的规定，行政案件由最初作出行政行为的行政机关所在地人民法院管辖。经复议的案件，也可以由复议机关所在地人民法院管辖。经最高人民法院批准，高级人民法院可以根据审判工作的实际情况，确定若干人民法院跨行政区域管辖行政案件。

[当事人对行政复议决定不服的，可依法提起行政诉讼]

本条规定，当事人对县级以上人民政府统计机构作出的行政处罚决定不服的，可以依法申请行政复议或者提起行政诉讼。这是对该事项作出的特殊规定，与《行政复议法》第10条关于"公民、法人或者其他组织对行政复议决定不服的，可以依照《中华人民共和国行政诉讼法》的规定向人民法院提起行政诉讼，但是法律规定行政复议决定为最终裁决的除外"的规定相呼应，明确了行政复议机关对县级以上人民政府统计机构作出的行政处罚决定作出的行政复议决定并非最终裁决。因此，当事人对有关行政处罚决定的统计行政复议决定不服的，可以依据《行政诉讼法》对该行政复议决定依法向人民法院提起行政诉讼。

▶条文参见

《行政复议法》；《行政诉讼法》

第五十条 民事责任、刑事责任

> 违反本法规定，造成人身损害、财产损失的，依法承担民事责任；构成犯罪的，依法追究刑事责任。

▶理解与适用

本条是关于依法追究统计违法行为民事责任、刑事责任的规定。

[依法承担民事责任]

如果统计机构、统计人员因行使法定职责职权发生泄露或者向他人非法提供统计调查对象的商业秘密、个人隐私、个人信息，或者对外提供、泄露在统计调查中获得的能够识别或者推断单个统计调查对象身份的资料等违法行为，侵犯了公民、法人和其他组织的合法权益并造成人身损害或者财产损失的，公民、法人和其他组织可以依照《国家赔偿法》相关规定，向有关统计机构申请国家赔偿；如果统计人员非因行使法定职责职权而发生泄露或者向他人非法提供统计调查对象的商业秘密、个人隐私、个人信息，或者对外提供、泄露在统计调查中获得的能够识别或者推断单个统计调查对象身份的资料等违法行为，侵犯了公民、法人和其他组织的合法权益并造成人身损害或者财产损失的，应当依照《民法典》有关规定，承担民事责任。

本法所称人身损害，是指因为统计机构、统计人员的行为造成公民依法享有的与人身直接相关的权利，如姓名权、名誉权和隐私权等，受到不法侵害而造成损失的情况及后果。本法所称财产损失，是指统计机构、统计人员的行为造成公民、法人和其他组织财产价值减少的情况及后果。例如，统计机构、统计人员泄露统计工作过程中知悉的统计调查对象的商业秘密，导致该调查对象的无形资产及经营收益受到减损，属于违反本法规定，造成财产损失的情形。

[依法追究刑事责任]

对违反本法规定的行为，可能构成犯罪的，应当依照《刑法》追究刑事责任的情形主要包括：

（1）打击报复统计人员罪。《刑法》第255条规定："公司、企业、事业单位、机关、团体的领导人，对依法履行职责、抵制违反会计法、统计法行为的会计、统计人员实行打击报复，情节恶劣的，处三年以下有期徒刑或者拘役。"地方人民政府、政府统计机构或者有关部门、单位的负责人对依法履行职责或者拒绝、抵制统计违法行为的统计人员实行打击报复的统计违法行为情节恶劣，构成犯罪的，依法处3年以下有期徒刑或者拘役。

（2）侵犯公民个人信息罪。《刑法》第253条之一规定："违反国家有关规定，向他人出售或者提供公民个人信息，情节严重的，处三年以下有期徒刑或者拘役，并处或者单处罚金；情节特别严重的，处三年以上七年以下有期徒刑，并处罚金。违反国家有关规定，将在履行职责或者提供服务过程中获得的公民个人信息，出售或者提供给他人的，依照前款的规定从重处罚。窃取或者以其他方法非法获取公民个人信息的，依照第一款的规定处罚。单位犯前三款罪的，对单位判处罚金，并对其直接负责的主管人员和其他直接责任人员，依照各该款的规定处罚。"对于泄露统计调查对象的商业秘密、个人信息或者提供、泄露在统计调查中获得的能够识别或者推断单个统计调查对象身份的资料的统计违法行为，构成犯罪的，依法追究相应的法律责任。

（3）故意泄露国家秘密罪、过失泄露国家秘密罪。《刑法》第398条规定："国家机关工作人员违反保守国家秘密法的规定，故意或者过失泄露国家秘密，情节严重的，处三年以下有期徒刑或者拘役；情节特别严重的，处三年以上七年以下有期徒刑。非国家机关工作人员犯前款罪的，依照前款的规定酌情处罚。"对于统计机构、统计人员故意或者过失泄露国家秘密的违法行为，依法追究相应的法律责任。

（4）妨害公务罪。《刑法》第277条第1款规定："以暴力、威胁方法阻碍国家机关工作人员依法执行职务的，处三年以下有期徒刑、拘役、管制或者罚金。"拒绝、阻碍统计调查、统计检查的统计违法行为，构成犯罪的，依法追究相应的法律责任。

（5）伪造、变造、买卖国家机关公文、证件、印章罪或者盗窃、抢夺、毁灭国家机关公文、证件、印章罪。《刑法》第280条第1款规定："伪造、变造、买卖或者盗窃、抢夺、毁灭国家机关的公文、证件、印章的，处三年以下有期徒刑、拘役、管制或者剥夺政治权利，并处罚金；情节严重的，处三年以上十年以下有期徒刑，并处罚金。"

（6）伪造公司、企业、事业单位、人民团体印章罪。《刑法》第280条第2款规定："伪造公司、企业、事业单位、人民团体的印章的，处三年以下有期徒刑、拘役、管制或者剥夺政治权利，并处罚金。"

（7）伪造、变造、买卖身份证件罪。《刑法》第280条第3款规定："伪造、变造、买卖居民身份证、护照、社会保障卡、驾驶证等依法可以用于证明身份的证件的，处三年以下有期徒刑、拘役、管制或者剥夺政治权利，并处罚金；情节严重的，处三年以上七年以下有期徒刑，并处罚金。"

(8) 诈骗罪。根据《刑法》第266条的规定，利用虚假统计资料或者隐瞒真实统计资料诈骗公私财物，数额较大的，处3年以下有期徒刑、拘役或者管制，并处或者单处罚金；数额巨大或者有其他严重情节的，处3年以上10年以下有期徒刑，并处罚金；数额特别巨大或者有其他特别严重情节的，处10年以上有期徒刑或者无期徒刑，并处罚金或者没收财产。

▶条文参见

《国家赔偿法》第二、四章；《民法典》第四、七编；《刑法》第255、253、266、277、280、398条

第七章　附　　则

第五十一条　统计机构含义

本法所称县级以上人民政府统计机构，是指国家统计局及其派出的调查机构、县级以上地方人民政府统计机构。

▶理解与适用

[县级以上人民政府统计机构含义]

在我国法律中，县级以上人民政府关于某一项工作的主管部门，通常包括国务院，省、自治区、直辖市人民政府，自治州、设区的市的人民政府，县、自治县、不设区的市、市辖区的人民政府等四级。具体来说，这里的"县级以上人民政府统计机构"包括三个层面：一是国家统计局，负责全国的统计工作，制定统计标准和方法，收集、整理和发布统计数据；二是国家统计局派出的调查机构，这些机构是国家统计局在各地区设立的派出机构，负责特定区域的统计调查工作；三是县级以上地方人民政府统计机构，这些是地方政府设立的统计机构，

负责本行政区域内的统计工作,包括收集、整理和发布本地区的统计数据。上述统计机构共同构成了我国的统计体系,负责收集、处理和发布各种经济、社会和其他方面的统计数据,为政府决策和社会各界提供信息支持。

需要注意的是,本条所称县级以上人民政府统计机构不包含县级以上人民政府有关部门设立的统计机构,主要原因有两个:一是县级以上人民政府有关部门设立的统计机构,通常是有关部门的内设机构,不能够独立对外履行行政管理职能。二是县级以上人民政府有关部门设立的统计机构,主要职能是服务本部门,即依法组织、管理本部门职责范围内的统计工作,实施统计调查,在统计业务上受本级人民政府统计机构的指导。

第五十二条 民间统计调查管理

民间统计调查活动的管理办法,由国务院制定。

中华人民共和国境外的组织、个人需要在中华人民共和国境内进行统计调查活动的,应当按照国务院的规定报请审批。

利用统计调查危害国家安全、损害社会公共利益或者进行欺诈活动的,依法追究法律责任。

▶理解与适用

[涉外民间统计调查应当按照国务院的规定报请审批]

涉外统计调查是民间统计调查的组成部分,主要包括以下情形:(1)受境外组织、个人或者境外组织在华机构委托、资助进行的市场调查和社会调查;(2)与境外组织、个人或者境外组织在华机构合作进行的市场调查和社会调查;(3)境外组织在华机构进行的市场调查;(4)将调查资料、调查结果提供给境外组织、个人或者境外组织在华机构的市场调查和社会调查。

第五十三条 施行日期

本法自 2010 年 1 月 1 日起施行。

▶理解与适用

法律的施行日期,即生效日期。根据《全国人大常委会法制工作委员会立法技术规范(2024)》,修改法律包括修正案、修正和修订三种形式。修正案是指通过一个单独的修正案文本对法律作出修改;修正是指通过一个关于修改法律的决定对法律作出修改;修订是指直接对法律进行全面修改并代替原法律文本。以修订方式修改的法律,其生效日期将相应修改,而以修正方式修改的法律,其生效日期不作修改。2024 年《统计法》修改是采取修正方式进行的,第十四届全国人大常委会第十一次会议于 2024 年 9 月 13 日表决通过了《全国人民代表大会常务委员会关于修改〈中华人民共和国统计法〉的决定》,修改决定自公布之日起施行,即修改的内容自 2024 年 9 月 13 日起施行,未修改的内容仍按照原施行时间施行。因此,根据修改决定重新公布的修改后的《统计法》,其生效日期仍为 2010 年 1 月 1 日。

实用核心法规

中华人民共和国统计法实施条例

(2017年4月12日国务院第168次常务会议通过 2017年5月28日中华人民共和国国务院令第681号公布 自2017年8月1日起施行)

第一章 总 则

第一条 根据《中华人民共和国统计法》（以下简称统计法），制定本条例。

第二条 统计资料能够通过行政记录取得的，不得组织实施调查。通过抽样调查、重点调查能够满足统计需要的，不得组织实施全面调查。

第三条 县级以上人民政府统计机构和有关部门应当加强统计规律研究，健全新兴产业等统计，完善经济、社会、科技、资源和环境统计，推进互联网、大数据、云计算等现代信息技术在统计工作中的应用，满足经济社会发展需要。

第四条 地方人民政府、县级以上人民政府统计机构和有关部门应当根据国家有关规定，明确本单位防范和惩治统计造假、弄虚作假的责任主体，严格执行统计法和本条例的规定。

地方人民政府、县级以上人民政府统计机构和有关部门及其负责人应当保障统计活动依法进行，不得侵犯统计机构、统计人员独立行使统计调查、统计报告、统计监督职权，不得非法干预统计调查对象提供统计资料，不得统计造假、弄虚作假。

统计调查对象应当依照统计法和国家有关规定，真实、准确、完整、及时地提供统计资料，拒绝、抵制弄虚作假等违法行为。

第五条 县级以上人民政府统计机构和有关部门不得组织实施营利性统计调查。

国家有计划地推进县级以上人民政府统计机构和有关部门通过向社会购买服务组织实施统计调查和资料开发。

第二章 统计调查项目

第六条 部门统计调查项目、地方统计调查项目的主要内容不得与国家统计调查项目的内容重复、矛盾。

第七条 统计调查项目的制定机关（以下简称制定机关）应当就项目的必要性、可行性、科学性进行论证，征求有关地方、部门、统计调查对象和专家的意见，并由制定机关按照会议制度集体讨论决定。

重要统计调查项目应当进行试点。

第八条 制定机关申请审批统计调查项目，应当以公文形式向审批机关提交统计调查项目审批申请表、项目的统计调查制度和工作经费来源说明。

申请材料不齐全或者不符合法定形式的，审批机关应当一次性告知需要补正的全部内容，制定机关应当按照审批机关的要求予以补正。

申请材料齐全、符合法定形式的，审批机关应当受理。

第九条 统计调查项目符合下列条件的，审批机关应当作出予以批准的书面决定：

（一）具有法定依据或者确为公共管理和服务所必需；

（二）与已批准或者备案的统计调查项目的主要内容不重复、不矛盾；

（三）主要统计指标无法通过行政记录或者已有统计调查资料加工整理取得；

（四）统计调查制度符合统计法律法规规定，科学、合理、可行；

（五）采用的统计标准符合国家有关规定；

（六）制定机关具备项目执行能力。

不符合前款规定条件的，审批机关应当向制定机关提出修改意见；修改后仍不符合前款规定条件的，审批机关应当作出不予批准的书面决定并说明理由。

第十条 统计调查项目涉及其他部门职责的，审批机关应当在作出审批决定前，征求相关部门的意见。

第十一条 审批机关应当自受理统计调查项目审批申请之日起20日内作出决定。20日内不能作出决定的，经审批机关负责人批准可以延长10日，并应当将延长审批期限的理由告知制定机关。

制定机关修改统计调查项目的时间，不计算在审批期限内。

第十二条 制定机关申请备案统计调查项目，应当以公文形式向备案机关提交统计调查项目备案申请表和项目的统计调查制度。

统计调查项目的调查对象属于制定机关管辖系统，且主要内容与已批准、备案的统计调查项目不重复、不矛盾的，备案机关应当依法给予备案文号。

第十三条 统计调查项目经批准或者备案的，审批机关或者备案机关应当及时公布统计调查项目及其统计调查制度的主要内容。涉及国家秘密的统计调查项目除外。

第十四条 统计调查项目有下列情形之一的，审批机关或者备案机关应当简化审批或者备案程序，缩短期限：

（一）发生突发事件需要迅速实施统计调查；

(二)统计调查制度内容未作变动,统计调查项目有效期届满需要延长期限。

第十五条 统计法第十七条第二款规定的国家统计标准是强制执行标准。各级人民政府、县级以上人民政府统计机构和有关部门组织实施的统计调查活动,应当执行国家统计标准。

制定国家统计标准,应当征求国务院有关部门的意见。

第三章 统计调查的组织实施

第十六条 统计机构、统计人员组织实施统计调查,应当就统计调查对象的法定填报义务、主要指标涵义和有关填报要求等,向统计调查对象作出说明。

第十七条 国家机关、企业事业单位或者其他组织等统计调查对象提供统计资料,应当由填报人员和单位负责人签字,并加盖公章。个人作为统计调查对象提供统计资料,应当由本人签字。统计调查制度规定不需要签字、加盖公章的除外。

统计调查对象使用网络提供统计资料的,按照国家有关规定执行。

第十八条 县级以上人民政府统计机构、有关部门推广使用网络报送统计资料,应当采取有效的网络安全保障措施。

第十九条 县级以上人民政府统计机构、有关部门和乡、镇统计人员,应当对统计调查对象提供的统计资料进行审核。统计资料不完整或者存在明显错误的,应当由统计调查对象依法予以补充或者改正。

第二十条 国家统计局应当建立健全统计数据质量监控和评估制度,加强对各省、自治区、直辖市重要统计数据的监控和评估。

第四章 统计资料的管理和公布

第二十一条 县级以上人民政府统计机构、有关部门和乡、镇人民政府应当妥善保管统计调查中取得的统计资料。

国家建立统计资料灾难备份系统。

第二十二条 统计调查中取得的统计调查对象的原始资料,应当至少保存2年。

汇总性统计资料应当至少保存10年,重要的汇总性统计资料应当永久保存。法律法规另有规定的,从其规定。

第二十三条 统计调查对象按照国家有关规定设置的原始记录和统计台账,应当至少保存2年。

第二十四条 国家统计局统计调查取得的全国性统计数据和分省、自治区、直辖市统计数据,由国家统计局公布或者由国家统计局授权其派出的调查机构或者省级人民政府统计机构公布。

第二十五条 国务院有关部门统计调查取得的统计数据,由国务院有关部门按照国家有关规定和已批准或者备案的统计调查制度公布。

县级以上地方人民政府有关部门公布其统计调查取得的统计数据,比照前款规定执行。

第二十六条 已公布的统计数据按照国家有关规定需要进行修订的,县级以上人民政府统计机构和有关部门应当及时公布修订后的数据,并就修订依据和情况作出说明。

第二十七条 县级以上人民政府统计机构和有关部门应当及时公布主要统计指标涵义、调查范围、调查方法、计算方法、抽样调查样本量等信息,对统计数据进行解释说明。

第二十八条 公布统计资料应当按照国家有关规定进行。公布前,任何单位和个人不得违反国家有关规定对外提供,不得利用尚未公布的统计资料谋取不正当利益。

第二十九条 统计法第二十五条规定的能够识别或者推断单个统计调查对象身份的资料包括：

（一）直接标明单个统计调查对象身份的资料；

（二）虽未直接标明单个统计调查对象身份，但是通过已标明的地址、编码等相关信息可以识别或者推断单个统计调查对象身份的资料；

（三）可以推断单个统计调查对象身份的汇总资料。

第三十条 统计调查中获得的能够识别或者推断单个统计调查对象身份的资料应当依法严格管理，除作为统计执法依据外，不得直接作为对统计调查对象实施行政许可、行政处罚等具体行政行为的依据，不得用于完成统计任务以外的目的。

第三十一条 国家建立健全统计信息共享机制，实现县级以上人民政府统计机构和有关部门统计调查取得的资料共享。制定机关共同制定的统计调查项目，可以共同使用获取的统计资料。

统计调查制度应当对统计信息共享的内容、方式、时限、渠道和责任等作出规定。

第五章　统计机构和统计人员

第三十二条 县级以上地方人民政府统计机构受本级人民政府和上级人民政府统计机构的双重领导，在统计业务上以上级人民政府统计机构的领导为主。

乡、镇人民政府应当设置统计工作岗位，配备专职或者兼职统计人员，履行统计职责，在统计业务上受上级人民政府统计机构领导。乡、镇统计人员的调动，应当征得县级人民政府统计机构的同意。

县级以上人民政府有关部门在统计业务上受本级人民政府统

计机构指导。

第三十三条 县级以上人民政府统计机构和有关部门应当完成国家统计调查任务，执行国家统计调查项目的统计调查制度，组织实施本地方、本部门的统计调查活动。

第三十四条 国家机关、企业事业单位和其他组织应当加强统计基础工作，为履行法定的统计资料报送义务提供组织、人员和工作条件保障。

第三十五条 对在统计工作中做出突出贡献、取得显著成绩的单位和个人，按照国家有关规定给予表彰和奖励。

第六章 监督检查

第三十六条 县级以上人民政府统计机构从事统计执法工作的人员，应当具备必要的法律知识和统计业务知识，参加统计执法培训，并取得由国家统计局统一印制的统计执法证。

第三十七条 任何单位和个人不得拒绝、阻碍对统计工作的监督检查和对统计违法行为的查处工作，不得包庇、纵容统计违法行为。

第三十八条 任何单位和个人有权向县级以上人民政府统计机构举报统计违法行为。

县级以上人民政府统计机构应当公布举报统计违法行为的方式和途径，依法受理、核实、处理举报，并为举报人保密。

第三十九条 县级以上人民政府统计机构负责查处统计违法行为；法律、行政法规对有关部门查处统计违法行为另有规定的，从其规定。

第七章 法律责任

第四十条 下列情形属于统计法第三十七条第四项规定的对

严重统计违法行为失察，对地方人民政府、政府统计机构或者有关部门、单位的负责人，由任免机关或者监察机关依法给予处分，并由县级以上人民政府统计机构予以通报：

（一）本地方、本部门、本单位大面积发生或者连续发生统计造假、弄虚作假；

（二）本地方、本部门、本单位统计数据严重失实，应当发现而未发现；

（三）发现本地方、本部门、本单位统计数据严重失实不予纠正。

第四十一条 县级以上人民政府统计机构或者有关部门组织实施营利性统计调查的，由本级人民政府、上级人民政府统计机构或者本级人民政府统计机构责令改正，予以通报；有违法所得的，没收违法所得。

第四十二条 地方各级人民政府、县级以上人民政府统计机构或者有关部门及其负责人，侵犯统计机构、统计人员独立行使统计调查、统计报告、统计监督职权，或者采用下发文件、会议布置以及其他方式授意、指使、强令统计调查对象或者其他单位、人员编造虚假统计资料的，由上级人民政府、本级人民政府、上级人民政府统计机构或者本级人民政府统计机构责令改正，予以通报。

第四十三条 县级以上人民政府统计机构或者有关部门在组织实施统计调查活动中有下列行为之一的，由本级人民政府、上级人民政府统计机构或者本级人民政府统计机构责令改正，予以通报：

（一）违法制定、审批或者备案统计调查项目；

（二）未按照规定公布经批准或者备案的统计调查项目及其统计调查制度的主要内容；

（三）未执行国家统计标准；

（四）未执行统计调查制度；

（五）自行修改单个统计调查对象的统计资料。

乡、镇统计人员有前款第三项至第五项所列行为的，责令改正，依法给予处分。

第四十四条 县级以上人民政府统计机构或者有关部门违反本条例第二十四条、第二十五条规定公布统计数据的，由本级人民政府、上级人民政府统计机构或者本级人民政府统计机构责令改正，予以通报。

第四十五条 违反国家有关规定对外提供尚未公布的统计资料或者利用尚未公布的统计资料谋取不正当利益的，由任免机关或者监察机关依法给予处分，并由县级以上人民政府统计机构予以通报。

第四十六条 统计机构及其工作人员有下列行为之一的，由本级人民政府或者上级人民政府统计机构责令改正，予以通报：

（一）拒绝、阻碍对统计工作的监督检查和对统计违法行为的查处工作；

（二）包庇、纵容统计违法行为；

（三）向有统计违法行为的单位或者个人通风报信，帮助其逃避查处；

（四）未依法受理、核实、处理对统计违法行为的举报；

（五）泄露对统计违法行为的举报情况。

第四十七条 地方各级人民政府、县级以上人民政府有关部门拒绝、阻碍统计监督检查或者转移、隐匿、篡改、毁弃原始记录和凭证、统计台账、统计调查表及其他相关证明和资料的，由上级人民政府、上级人民政府统计机构或者本级人民政府统计机构责令改正，予以通报。

第四十八条 地方各级人民政府、县级以上人民政府统计机构和有关部门有本条例第四十一条至第四十七条所列违法行为之一的，对直接负责的主管人员和其他直接责任人员，由任免机关或者监察机关依法给予处分。

第四十九条 乡、镇人民政府有统计法第三十八条第一款、第三十九条第一款所列行为之一的,依照统计法第三十八条、第三十九条的规定追究法律责任。

第五十条 下列情形属于统计法第四十一条第二款规定的情节严重行为:

(一) 使用暴力或者威胁方法拒绝、阻碍统计调查、统计监督检查;

(二) 拒绝、阻碍统计调查、统计监督检查,严重影响相关工作正常开展;

(三) 提供不真实、不完整的统计资料,造成严重后果或者恶劣影响;

(四) 有统计法第四十一条第一款所列违法行为之一,1年内被责令改正3次以上。

第五十一条 统计违法行为涉嫌犯罪的,县级以上人民政府统计机构应当将案件移送司法机关处理。

第八章 附 则

第五十二条 中华人民共和国境外的组织、个人需要在中华人民共和国境内进行统计调查活动的,应当委托中华人民共和国境内具有涉外统计调查资格的机构进行。涉外统计调查资格应当依法报经批准。统计调查范围限于省、自治区、直辖市行政区域内的,由省级人民政府统计机构审批;统计调查范围跨省、自治区、直辖市行政区域的,由国家统计局审批。

涉外社会调查项目应当依法报经批准。统计调查范围限于省、自治区、直辖市行政区域内的,由省级人民政府统计机构审批;统计调查范围跨省、自治区、直辖市行政区域的,由国家统计局审批。

第五十三条 国家统计局或者省级人民政府统计机构对涉外统计违法行为进行调查，有权采取统计法第三十五条规定的措施。

第五十四条 对违法从事涉外统计调查活动的单位、个人，由国家统计局或者省级人民政府统计机构责令改正或者责令停止调查，有违法所得的，没收违法所得；违法所得50万元以上的，并处违法所得1倍以上3倍以下的罚款；违法所得不足50万元或者没有违法所得的，处200万元以下的罚款；情节严重的，暂停或者取消涉外统计调查资格，撤销涉外社会调查项目批准决定；构成犯罪的，依法追究刑事责任。

第五十五条 本条例自2017年8月1日起施行。1987年1月19日国务院批准、1987年2月15日国家统计局公布，2000年6月2日国务院批准修订、2000年6月15日国家统计局公布，2005年12月16日国务院修订的《中华人民共和国统计法实施细则》同时废止。

统计执法监督检查办法

（2017年7月5日国家统计局令第21号公布 根据2018年11月20日《国家统计局关于修改〈统计执法监督检查办法〉的决定》第一次修订 根据2019年11月21日《国家统计局关于修改〈统计执法监督检查办法〉的决定》第二次修订）

第一章 总 则

第一条 为了规范统计执法监督检查工作，保护公民、法人和其他组织的合法权益，保障和提高统计数据质量，根据《中华人民共和国统计法》《中华人民共和国行政处罚法》和《中华人民共和国统计法实施条例》等法律、行政法规，制定本办法。

第二条 本办法适用于县级以上人民政府统计机构对执行统计法律法规规章情况的监督检查和对统计违法行为的查处。

第三条 国家统计局统计执法监督局在国家统计局领导下，具体负责对全国统计执法监督检查工作的组织管理，指导监督地方统计机构和国家调查队统计执法监督检查机构工作，检查各地方、各部门统计法执行情况，查处重大统计违法行为。

省级及市级统计执法监督检查机构在所属统计局或者国家调查队领导下，具体负责指导监督本地区、本系统统计执法监督检查工作，对本地区、本系统统计法执行情况的检查和查处统计违法行为。县级统计执法监督检查机构或者执法检查人员在所属统计局或者国家调查队领导下，依据法定分工负责本地区、本系统统计执法监督检查工作。

地方统计机构和国家调查队应当建立统计执法监督检查沟通协作机制。

第四条 县级以上人民政府有关部门在同级人民政府统计机构的组织指导下，负责监督本部门统计调查中执行统计法情况，对本部门统计调查中发生的统计违法行为，移交同级人民政府统计机构予以处理。

第五条 各级人民政府统计机构应当建立行政执法监督检查责任制和问责制，切实保障统计执法监督检查所需的人员、经费和其他工作条件。

第六条 统计执法监督检查应当贯彻有法必依、执法必严、违法必究的方针，坚持预防、查处和整改相结合，坚持教育与处罚相结合，坚持实事求是、客观公正、统一规范、文明执法、高效廉洁原则。

统计执法监督检查中，与执法监督检查对象有利害关系以及其他可能影响公正性的人员,应当回避。

第七条 县级以上人民政府统计机构应当畅通统计违法举报渠道,公布统计违法举报电话、通信地址、网络专栏、电子邮箱等,认真受理、核实、办理统计违法举报。

第八条 县级以上人民政府统计机构应当建立统计违法行为查处情况报告制度,定期向上一级统计机构报告统计违法举报、统计执法监督检查和统计违法行为查处情况。

第二章 统计执法监督检查机构和执法检查人员

第九条 县级以上人民政府统计机构健全统计执法监督检查队伍,完善统计执法监督检查机制,建立统计执法骨干人才库,确保在库人员服从设库机构的调用。

第十条 统计执法监督检查机构和执法检查人员的主要职责是:

(一)起草制定统计法律法规规章和规范性文件;

(二)宣传、贯彻统计法律法规规章;

(三)组织、指导、监督、管理统计执法监督检查工作;

(四)依法查处统计违法行为,防范和惩治统计造假、弄虚作假;

(五)组织实施统计执法"双随机"抽查,受理、办理、督办统计违法举报;

(六)建立完善统计信用制度,建立实施对统计造假、弄虚作假的联合惩戒机制;

(七)监督查处涉外统计调查活动和民间统计调查活动中的违法行为;

(八)法律、法规和规章规定的其他职责。

第十一条 执法检查人员应当参加培训,经考试合格,取得由国家统计局统一颁发的统计执法证。

经县级以上人民政府统计机构批准，可以聘用专业技术人员参与统计执法监督检查。

第十二条 统计执法监督检查机构应当加强对所属执法检查人员的法律法规、统计业务知识、职业道德教育和执法监督检查技能培训，健全管理、考核和奖惩制度。

第三章 统计执法监督检查

第十三条 县级以上人民政府统计机构和有关部门应当建立统计执法监督检查工作机制和相关制度，综合运用"双随机"抽查、专项检查、重点检查、实地核查等方式，组织开展本地区、本部门、本单位统计执法监督检查工作。

按照国家有关规定，实施统计执法监督检查全过程记录制度。

第十四条 统计执法监督检查事项包括：

（一）地方各级人民政府、政府统计机构和有关部门以及各单位及其负责人遵守、执行统计法律法规规章和国家统计规则、政令情况；

（二）地方各级人民政府、政府统计机构和有关部门建立防范和惩治统计造假、弄虚作假责任制和问责制情况；

（三）统计机构和统计人员依法独立行使统计调查、统计报告、统计监督职权情况；

（四）国家机关、企业事业单位和其他组织以及个体工商户和个人等统计调查对象遵守统计法律法规规章、统计调查制度情况；

（五）依法开展涉外统计调查和民间统计调查情况；

（六）法律法规规章规定的其他事项。

第十五条 县级以上人民政府统计机构对接到的举报应当严格按照规定予以受理,经审核可能存在统计违法行为的,应当采取立案查处、执法检查办理,市级以上人民政府统计机构也可以按照规定将举报转交下级统计机构办理。

第十六条 县级以上人民政府统计机构在组织实施统计执法监督检查前应当拟定检查方案,明确检查的依据、时间、范围、内容和组织形式等。

第十七条 统计执法监督检查机构或者执法检查人员组织实施执法监督检查前,应报所属人民政府统计机构负责人批准。

第十八条 统计执法监督检查机构进行执法监督检查时,执法检查人员不得少于2名,并应当出示国家统计局统一颁发的统计执法证,告知检查对象和有关单位实施检查的人民政府统计机构名称,检查的依据、范围、内容和方式,以及相应的权利、义务和法律责任。未出示统计执法证的,有关单位和个人有权拒绝接受检查。

第十九条 县级以上人民政府统计机构调查统计违法行为或者核查统计数据时,依据《统计法》第三十五条的规定,行使统计执法监督检查职权。

第二十条 检查对象和有关单位应当按照统计法律法规定,积极配合执法监督检查工作,为检查工作提供必要的条件保障。有关人员应当如实回答询问、反映情况,提供相关证明和资料,核实笔录,并在有关证明、资料和笔录上签字,涉及单位的加盖公章。拒绝签字或者盖章的,由执法检查人员现场记录原因并录音录像。

有关地方、部门、单位应当及时通知相关人员按照要求接受检查。

第二十一条 统计执法监督检查机构在执法监督检查过程中,应当及时按规定制作执法文书,如实记录执法检查人员询问情况和检查对象反映的情况以及提供的证明和资料,由执法检查人员在有关笔录上签名。

第二十二条 县级以上人民政府统计机构和执法检查人员对在执法监督检查过程中知悉的国家秘密、商业秘密、个人信息资料和能够识别或者推断单个调查对象身份的资料,负有保密义务。

第二十三条 统计执法监督检查机构应当在调查结束后,及时向所属人民政府统计机构提交监督检查报告,报告检查中发现的问题并提出处理建议。处理建议包括:

(一)发现有统计违法行为,符合立案查处条件的,予以立案查处;

(二)发现统计违法事实不清、证据不足或者程序错误的,应当及时补充或者重新调查;

(三)按照违法行为性质、情节,提请上一级或者移交下级人民政府统计机构立案查处;

(四)未发现统计违法行为或者统计违法事实轻微,依法不应追究法律责任的,不予处理。

第四章 统计违法行为的处罚

第二十四条 查处统计违法案件应当做到事实清楚,证据确凿,定性准确,处理恰当,适用法律正确,符合法定程序。

第二十五条 国家统计局负责查处情节严重或影响恶劣的统计造假、弄虚作假案件,对国家重大统计部署贯彻不力的案件,重大国情国力调查中发生的严重统计造假、弄虚作假案件,其他重大统计违法案件。

省级统计局依法负责查处本行政区域内统计造假、弄虚作假案件,违反国家统计调查制度以及重要的地方统计调查制度的案件。但是国家调查总队组织实施的统计调查中发生的统计造假、弄虚作假案件，违反国家统计调查制度案件，由组织实施统计调查的国家调查总队进行查处。

市级、县级统计局和国家统计局市级、县级调查队，发现本行政区域内统计造假、弄虚作假违法行为的，应当及时报告省级统计机构依法查处；依法负责查处本行政区域内其他统计违法案件。

第二十六条 统计执法监督检查机构具体负责查处统计违法行为，统计执法队接受所属统计机构委托开展有关执法检查工作。

第二十七条 对下列统计违法行为，县级以上人民政府统计机构应当依法立案：

（一）各地方、各部门、各单位及其负责人违反统计法律法规规章的；

（二）县级以上人民政府统计机构及其工作人员违反统计法律法规规章的；

（三）国家机关、企业事业单位和其他组织以及个体工商户等调查对象违反统计法律法规规章的；

（四）违反国家统计规则、政令的；

（五）违反涉外统计调查和民间统计调查有关法律法规规章的；

（六）其他按照法律法规规章规定应当立案的。

第二十八条 立案查处的统计违法行为，应当同时具备下列条件：

（一）有明确的行为人；

（二）有违反本办法第二十七条所列行为，依法应当追究法律责任；

（三）属于人民政府统计机构职责权限和管辖范围。

统计执法监督检查机构或者执法检查人员按照前款规定的条件，对拟立案的有关材料进行初步审查并提出初步处理意见，报送所属人民政府统计机构负责人批准后，予以立案查处。

第二十九条 立案查处的案件，一般案件执法检查人员不得少于2人，重大案件应当按规定组成执法检查组。

第三十条 执法检查人员应当合法、客观、全面地收集证据。收集证据过程中，执法检查人员应当及时制作《现场检查笔录》《调查笔录》等文书，并整理制作《证据登记表》。

案件证据应当与本案件有关联，包括书证、物证、电子数据、视听资料、证人证言、当事人陈述、鉴定结论和勘验笔录等以及其他可证明违法事实的材料。

第三十一条 调查结束后，执法检查组或者执法检查人员应当及时形成监督检查报告，报送所属人民政府统计机构负责人。

监督检查报告内容包括：立案依据、检查情况、违法事实、法律依据、违法性质、法律责任、酌定情形、处理意见等。

第三十二条 统计执法监督检查机构应当及时组织召开会议，对案件进行讨论审理，确定统计违法行为性质和处理决定，报统计机构负责人审查。对情节复杂或者重大违法行为给予较重的行政处罚，应当集体讨论决定。

在审理过程中发现统计违法事实不清、证据不足或者程序错误的，应当责成执法检查组或者执法检查人员及时补充或者重新调查。

第三十三条 统计违法案件审理终结，应当分别以下情况作出处理：

（一）违反统计法律法规规章证据不足，或者统计违法事实情节轻微，依法不应追究法律责任的，即行销案；

（二）违反统计法律法规规章事实清楚、证据确凿的，依法作出处理；

（三）违反统计法律法规规章和国家统计规则、政令，应当给予处分的，移送任免机关或者纪检监察机关处理；

（四）违反统计法律法规规章和国家统计规则、政令，被认定为统计严重失信的，按照国家有关规定进行公示和惩戒；

（五）涉嫌违反其他法律法规规定的，移交有关行政机关处理；

（六）涉嫌犯罪的，移送司法机关、监察机关处理。

第三十四条 统计违法事实清楚、证据确凿，依法决定予以行政处罚的，应当在作出行政处罚决定前，制作《统计行政处罚决定告知书》，向处罚对象告知给予行政处罚的事实、理由、依据和处罚对象依法享有的权利。处罚对象对处罚决定进行陈述、申辩，提出不同意见时，统计执法监督检查机构应当认真听取。处罚对象提出新的事实、理由和证据，统计执法监督检查机构应当进行复核，复核成立的，予以采纳。

第三十五条 县级以上人民政府统计机构作出对法人或者其他组织5万元以上罚款，对个体工商户作出2000元以上罚款的行政处罚决定前，应当告知处罚对象有要求举行听证的权利。处罚对象要求听证的，作出处罚决定的统计机构应当依法组织听证。

处罚对象应当在收到《统计行政处罚决定告知书》3日内向作出处罚决定的统计机构提出听证要求，作出处罚决定的统计机构应当在听证的7日前通知处罚对象举行听证的时间和地点。

听证由统计机构指定的非本案执法检查人员主持，处罚对象认为主持人与本案有直接利害关系的，有权申请回避。举行听证时，执法检查人员提出处罚对象违法的事实、证据和处罚建议，处罚对象进行申辩和质证。听证应当制作笔录，笔录应当交处罚对象审核无误后签字或者盖章。

听证结束后，统计机构依照本办法第三十三条作出处罚决定。

第三十六条 统计违法行为应当给予行政处罚的，依法作出处罚决定，制作《统计行政处罚决定书》。《统计行政处罚决定书》应当载明下列事项：

（一）处罚对象的名称或者姓名、地址；
（二）违反统计法律法规规章的事实和证据；
（三）统计行政处罚的种类和依据；
（四）统计行政处罚的履行方式和期限；
（五）不服统计行政处罚决定，申请行政复议或者提起行政诉讼的途径和期限；
（六）作出统计行政处罚决定的统计机构名称和作出决定的日期。

统计行政处罚决定书必须盖有作出统计行政处罚决定的统计机构的印章。

第三十七条 县级以上人民政府统计机构应当在《统计行政处罚决定书》作出后7日内送达处罚对象。处罚对象应当在送达回执上签字盖章，并注明签收日期。处罚对象拒绝接收的，应当在其他人员见证下，由送达人员、见证人员在送达回执上签字并注明理由，将《统计行政处罚决定书》留置；处罚对象不能接收的，应当在其他人员见证下，由送达人员、见证人员在送达回执上签字并注明理由。

邮寄送达的，应当通过中国邮政挂号寄送。

第三十八条 统计行政处罚决定作出后，处罚对象应当在统计行政处罚决定的期限内予以履行。处罚对象对统计行政处罚决定不服，申请行政复议或者提起行政诉讼的，统计行政处罚不停止执行。

统计执法监督检查机构应当及时掌握统计行政处罚的执行情况。

第三十九条 立案查处的统计违法行为，应当在立案后3个月内处理完毕；因特殊情况需要延长办理期限的，应当按规定报经批准，但延长期限不得超过 3 个月。

第四十条 统计违法事实清楚并有法定依据，对法人或者其他组织予以警告或者警告并处 1000 元以下罚款行政处罚的，可以适用简易处罚程序，当场作出统计行政处罚决定。

第四十一条 统计违法行为处理决定执行后，应当及时结案。

结案应当撰写结案报告，报送所属人民政府统计机构负责人同意，予以结案。

第四十二条 县级以上人民政府统计机构在查处统计违法案件时，认为对有关国家工作人员应当给予处分处理的，应当按照有关规定提出处分处理建议，并将案件材料和处分处理建议移送具有管辖权的任免机关或者纪检机关、监察机关、组织（人事）部门。

第四十三条 立案查处和执法检查的典型、严重统计违法案件，应当按照有关规定予以曝光。

对具有严重统计造假弄虚作假情形的，应当依法认定为统计上严重失信，按照有关规定予以公示和惩戒。

第五章　法律责任

第四十四条 县级以上人民政府统计机构负责人、执法检查人员及其相关人员在统计执法监督检查中有下列行为之一的，由统计机构予以通报，由任免机关或者纪检监察机关给予处分：

（一）包庇、纵容统计违法行为；

（二）瞒案不报，压案不查；

（三）未按规定受理、核查、处理统计违法举报；

（四）未按法定权限、程序和要求开展统计执法监督检查，造成不良后果；

（五）违反保密规定，泄露举报人或者案情；

（六）滥用职权，徇私舞弊；

（七）其他违纪违法行为。

第四十五条 县级以上人民政府统计机构负责人、执法检查人员及其相关人员在统计执法监督检查中，违反有关纪律的，依纪依法给予处分。

第四十六条 县级以上人民政府统计机构负责人、执法检查人员及其相关人员泄露在检查过程中知悉的国家秘密、商业秘密、个人信息资料和能够识别或者推断单个调查对象身份的资料，依纪依法给予处分。

第六章 附 则

第四十七条 本办法自公布之日起施行。

统计违法违纪行为处分规定

（2009年3月25日监察部、人力资源和社会保障部、国家统计局令第18号公布 自2009年5月1日起施行）

第一条 为了加强统计工作，提高统计数据的准确性和及时性，惩处和预防统计违法违纪行为，促进统计法律法规的贯彻实施，根据《中华人民共和国统计法》、《中华人民共和国行政监察法》、《中华人民共和国公务员法》、《行政机关公务员处分条例》及其他有关法律、行政法规，制定本规定。

第二条 有统计违法违纪行为的单位中负有责任的领导人员和直接责任人员，以及有统计违法违纪行为的个人，应当承担纪律责任。属于下列人员的（以下统称有关责任人员），由任免机关或者监察机关按照管理权限依法给予处分：

（一）行政机关公务员；

（二）法律、法规授权的具有公共事务管理职能的事业单位中经批准参照《中华人民共和国公务员法》管理的工作人员；

（三）行政机关依法委托的组织中除工勤人员以外的工作人员；

（四）企业、事业单位、社会团体中由行政机关任命的人员。

法律、行政法规、国务院决定和国务院监察机关、国务院人力资源社会保障部门制定的处分规章对统计违法违纪行为的处分另有规定的，从其规定。

第三条 地方、部门以及企业、事业单位、社会团体的领导人员有下列行为之一的，给予记过或者记大过处分；情节较重的，给予降级或者撤职处分；情节严重的，给予开除处分：

（一）自行修改统计资料、编造虚假数据的；

（二）强令、授意本地区、本部门、本单位统计机构、统计人员或者其他有关机构、人员拒报、虚报、瞒报或者篡改统计资料、编造虚假数据的；

（三）对拒绝、抵制篡改统计资料或者对拒绝、抵制编造虚假数据的人员进行打击报复的；

（四）对揭发、检举统计违法违纪行为的人员进行打击报复的。

有前款第（三）项、第（四）项规定行为的，应当从重处分。

第四条 地方、部门以及企业、事业单位、社会团体的领导人员，对本地区、本部门、本单位严重失实的统计数据，应当发现而未发现或者发现后不予纠正，造成不良后果的，给予警告或者记过处分；造成严重后果的，给予记大过或者降级处分；造成特别严重后果的,给予撤职或者开除处分。

第五条 各级人民政府统计机构、有关部门及其工作人员在实施统计调查活动中,有下列行为之一的,对有关责任人员,给予记过或者记大过处分;情节较重的,给予降级或者撤职处分;情节严重的,给予开除处分:

(一)强令、授意统计调查对象虚报、瞒报或者伪造、篡改统计资料的;

(二)参与篡改统计资料、编造虚假数据的。

第六条 各级人民政府统计机构、有关部门及其工作人员在实施统计调查活动中,有下列行为之一的,对有关责任人员,给予警告、记过或者记大过处分;情节较重的,给予降级处分;情节严重的,给予撤职处分:

(一)故意拖延或者拒报统计资料的;

(二)明知统计数据不实,不履行职责调查核实,造成不良后果的。

第七条 统计调查对象中的单位有下列行为之一,情节较重的,对有关责任人员,给予警告、记过或者记大过处分;情节严重的,给予降级或者撤职处分;情节特别严重的,给予开除处分:

(一)虚报、瞒报统计资料的;

(二)伪造、篡改统计资料的;

(三)拒报或者屡次迟报统计资料的;

(四)拒绝提供情况、提供虚假情况或者转移、隐匿、毁弃原始统计记录、统计台账、统计报表以及与统计有关的其他资料的。

第八条 违反国家规定的权限和程序公布统计资料,造成不良后果的,对有关责任人员,给予警告或者记过处分;情节较重的,给予记大过或者降级处分;情节严重的,给予撤职处分。

第九条 有下列行为之一，造成不良后果的，对有关责任人员，给予警告、记过或者记大过处分；情节较重的，给予降级或者撤职处分；情节严重的，给予开除处分：

（一）泄露属于国家秘密的统计资料的；

（二）未经本人同意，泄露统计调查对象个人、家庭资料的；

（三）泄露统计调查中知悉的统计调查对象商业秘密的。

第十条 包庇、纵容统计违法违纪行为的，对有关责任人员，给予记过或者记大过处分；情节较重的，给予降级或者撤职处分；情节严重的，给予开除处分。

第十一条 受到处分的人员对处分决定不服的，依照《中华人民共和国行政监察法》、《中华人民共和国公务员法》、《行政机关公务员处分条例》等有关规定，可以申请复核或者申诉。

第十二条 任免机关、监察机关和人民政府统计机构建立案件移送制度。

任免机关、监察机关查处统计违法违纪案件，认为应当由人民政府统计机构给予行政处罚的，应当将有关案件材料移送人民政府统计机构。人民政府统计机构应当依法及时查处，并将处理结果书面告知任免机关、监察机关。

人民政府统计机构查处统计行政违法案件，认为应当由任免机关或者监察机关给予处分的，应当及时将有关案件材料移送任免机关或者监察机关。任免机关或者监察机关应当依法及时查处，并将处理结果书面告知人民政府统计机构。

第十三条 有统计违法违纪行为，应当给予党纪处分的，移送党的纪律检查机关处理。涉嫌犯罪的，移送司法机关依法追究刑事责任。

第十四条 本规定由监察部、人力资源社会保障部、国家统计局负责解释。

第十五条 本规定自2009年5月1日起施行。

部门统计调查项目管理办法

(2017年7月14日国家统计局令第22号公布 自2017年10月1日起施行)

第一章 总 则

第一条 为加强部门统计调查项目的规范性、统一性管理,提高统计调查的科学性和有效性,减轻统计调查对象负担,推进部门统计信息共享,根据《中华人民共和国统计法》及其实施条例和国务院有关规定,制定本办法。

第二条 本办法适用于国务院各部门制定的统计调查项目。

第三条 本办法所称的统计调查项目,是指国务院有关部门通过调查表格、问卷、行政记录、大数据以及其他方式搜集整理统计资料,用于政府管理和公共服务的各类统计调查项目。

第四条 国家统计局统一组织领导和协调全国统计工作,指导国务院有关部门开展统计调查,统一管理部门统计调查。

第五条 国务院有关部门应当明确统一组织协调统计工作的综合机构,负责归口管理、统一申报本部门统计调查项目。

第二章 部门统计调查项目的制定

第六条 国务院有关部门执行相关法律、行政法规、国务院的决定和履行本部门职责,需要开展统计活动的,应当制定相应的部门统计调查项目。

第七条 制定部门统计调查项目,应当减少调查频率,缩小调查规模，降低调查成本，减轻基层统计人员和统计调查对象的负担。可以通过行政记录和大数据加工整理获得统计资料的，不得开展统计调查；可以通过已经批准实施的各种统计调查整理获得统计资料的，不得重复开展统计调查；抽样调查、重点调查可以满足需要的，不得开展全面统计调查。

第八条 制定部门统计调查项目，应当有组织、人员和经费保障。

第九条 制定部门统计调查项目，应当同时制定该项目的统计调查制度。

统计调查制度内容包括总说明、报表目录、调查表式、分类目录、指标解释、指标间逻辑关系，采用抽样调查方法的还应当包括抽样方案。

统计调查制度总说明应当对调查目的、调查对象、统计范围、调查内容、调查频率、调查时间、调查方法、组织实施方式、质量控制、报送要求、信息共享、资料公布等作出规定。

面向单位的部门统计调查，其统计调查对象应当取自国家基本单位名录库或者部门基本单位名录库。

第十条 部门统计调查应当规范设置统计指标、调查表，指标解释和计算方法应当科学合理。

第十一条 部门统计调查应当使用国家统计标准。无国家统计标准的，可以使用经国家统计局批准的部门统计标准。

第十二条 新制定的部门统计调查项目或者对现行统计调查项目进行较大修订的，应当开展试填试报等工作。其中，重要统计调查项目应当进行试点。

第十三条 部门统计调查项目涉及其他部门职责的，应当事先征求相关部门意见。

第三章 部门统计调查项目审批和备案

第十四条 国务院有关部门制定的统计调查项目，统计调查对象属于本部门管辖系统或者利用行政记录加工获取统计资料的，报国家统计局备案；统计调查对象超出本部门管辖系统的，报国家统计局审批。

部门管辖系统包括本部门直属机构、派出机构和垂直管理的机构，省及省以下与部门对口设立的管理机构。

第十五条 部门统计调查项目审批或者备案包括申报、受理、审查、反馈、决定等程序。

第十六条 部门统计调查项目送审或者备案时，应当通过部门统计调查项目管理平台提交下列材料：

（一）申请审批项目的部门公文或者申请备案项目的部门办公厅（室）公文；

（二）部门统计调查项目审批或者备案申请表；

（三）统计调查制度；

（四）统计调查项目的论证报告、背景材料、经费保障等，修订的统计调查项目还应当提供修订说明；

（五）征求有关地方、部门、统计调查对象和专家意见及其采纳情况；

（六）制定机关按照会议制度集体讨论决定的会议纪要；

（七）重要统计调查项目的试点报告；

（八）由审批机关或者备案机关公布的统计调查制度的主要内容；

（九）防范和惩治统计造假、弄虚作假责任规定。

前款第（一）项的公文应当同时提交纸质文件。

第十七条 申请材料齐全并符合法定形式的，国家统计局予以受理。

申请材料不齐全或者不符合法定形式的，国家统计局应当一次告知需要补正的全部内容，制定机关应当按照国家统计局的要求予以补正。

第十八条 统计调查制度应当列明下列事项：

（一）向国家统计局报送的制定机关组织实施统计调查取得的具体统计资料清单；

（二）主要统计指标公布的时间、渠道；

（三）统计信息共享的内容、方式、时限、渠道、责任单位和责任人；

（四）向统计信息共享数据库提供的统计资料清单；

（五）统计调查对象使用国家基本单位名录库或者部门基本单位名录库的情况。

第十九条 国家统计局对申请审批的部门统计调查项目进行审查，符合下列条件的部门统计调查项目，作出予以批准的书面决定：

（一）具有法定依据或者确为部门公共管理和服务所必需；

（二）与现有的国家统计调查项目和部门统计调查项目的主要内容不重复、不矛盾；

（三）主要统计指标无法通过本部门的行政记录或者已有统计调查资料加工整理取得；

（四）部门统计调查制度科学、合理、可行，并且符合本办法第八条、第九条和第十八条规定；

（五）采用的统计标准符合国家有关规定；

（六）符合统计法律法规和国家有关规定。

不符合前款规定的，国家统计局向制定机关提出修改意见；修改后仍不符合前款规定条件的，国家统计局作出不予批准的书面决定，并说明理由。

第二十条 国家统计局对申请备案的部门统计调查项目进行审查，符合下列条件的部门统计调查项目，作出同意备案的书面决定：

（一）统计调查项目的调查对象属于制定机关管辖系统，或者利用行政记录加工获取统计资料；

（二）与现有的国家统计调查项目和部门统计调查项目的主要内容不重复、不矛盾；

（三）部门统计调查制度科学、合理、可行，并且符合本办法第八条、第九条和第十八条规定。

第二十一条 国家统计局在收到制定机关申请公文及完整的相关资料后，在20个工作日内完成审批，20个工作日内不能作出决定的，经审批机关负责人批准可以延长10日，并应当将延长审批期限的理由告知制定机关；在10个工作日内完成备案。完成时间以复函日期为准。

制定机关修改统计调查项目的时间，不计算在审批期限内。

第二十二条 部门统计调查项目有下列情形之一的，国家统计局简化审批或者备案程序，缩短期限：

（一）发生突发事件，需要迅速实施统计调查；

（二）统计调查内容未做变动，统计调查项目有效期届满需要延长期限。

第二十三条 部门统计调查项目实行有效期管理。审批的统计调查项目有效期为3年，备案的统计调查项目有效期为5年。统计调查制度对有效期规定少于3年的，从其规定。有效期以批准执行或者同意备案的日期为起始时间。

统计调查项目在有效期内需要变更内容的，制定机关应当重新申请审批或者备案。

第二十四条 部门统计调查项目经国家统计局批准或者备案后，应当在统计调查表的右上角标明表号、制定机关、批准机关或者备案机关、批准文号或者备案文号、有效期限等标志。

第二十五条 制定机关收到批准或者备案的书面决定后，在10个工作日内将标注批准文号或者备案文号和有效期限的统计调查制度发送到部门统计调查项目管理平台。

第二十六条　国家统计局及时通过国家统计局网站公布批准或者备案的部门统计调查项目名称、制定机关、批准文号或者备案文号、有效期限和统计调查制度的主要内容。

第四章　部门统计调查的组织实施

第二十七条　国务院有关部门应当健全统计工作流程规范，完善统计数据质量控制办法，夯实统计基础工作，严格按照国家统计局批准或者备案的统计调查制度组织实施统计调查。

第二十八条　国务院有关部门在组织实施统计调查时，应当就统计调查制度的主要内容对组织实施人员进行培训；应当就法定填报义务、主要指标涵义和口径、计算方法、采用的统计标准和其他填报要求，向调查对象作出说明。

第二十九条　国务院有关部门应当按《中华人民共和国统计法实施条例》的要求及时公布主要统计指标涵义、调查范围、调查方法、计算方法、抽样调查样本量等信息，对统计数据进行解释说明。

第三十条　国务院有关部门组织实施统计调查应当遵守国家有关统计资料管理和公布的规定。

第三十一条　部门统计调查取得的统计资料，一般应当在政府部门间共享。

第三十二条　国务院有关部门建立统计调查项目执行情况评估制度，对实施情况、实施效果和存在问题进行评估，认为应当修改的，按规定报请国家统计局审批或者备案。

第五章　国家统计局提供的服务

第三十三条　国家统计局依法开展部门统计调查项目审批和

备案工作,为国务院有关部门提供有关统计业务咨询、统计调查制度设计指导、统计业务培训等服务。

第三十四条 国家统计局组织国务院有关部门共同维护、更新国家基本单位名录库,为部门统计调查提供调查单位名录和抽样框。

第三十五条 国家统计局建立统计标准库,为部门统计调查提供国家统计标准和部门统计标准。

第三十六条 国家统计局向国务院有关部门提供部门统计调查项目查询服务。

第三十七条 国家统计局推动建立统计信息共享数据库,为国务院有关部门提供部门统计数据查询服务。

第六章 监督检查

第三十八条 国家统计局依法对部门统计调查制度执行情况进行监督检查,依法查处部门统计调查中的重大违法行为;县级以上地方人民政府统计机构依法查处本级和下级人民政府有关部门和统计调查对象执行部门统计调查制度中发生的统计违法行为。

第三十九条 任何单位和个人有权向国家统计局举报部门统计调查违法行为。

国家统计局公布举报统计违法行为的方式和途径,依法受理、核实、处理举报,并为举报人保密。

第四十条 县级以上人民政府有关部门积极协助本级人民政府统计机构查处统计违法行为,及时向县级以上人民政府统计机构移送有关统计违法案件材料。

第四十一条 县级以上人民政府统计机构在调查部门统计违法行为或者核查部门统计数据时,有权采取《中华人民共和国统计法》第三十五条规定的下列措施：

（一）发出检查查询书，向检查单位和调查对象查询部门统计调查项目有关事项；

（二）要求检查单位和调查对象提供与部门统计调查有关的统计调查制度、调查资料、调查报告及其他相关证明和资料；

（三）就与检查有关的事项询问有关人员；

（四）进入检查单位和调查对象的业务场所和统计数据处理信息系统进行检查、核对；

（五）经本机构负责人批准，登记保存检查单位与统计调查有关的统计调查制度、调查资料、调查报告及其他相关证明和资料；

（六）对与检查事项有关的情况和资料进行记录、录音、录像、照相和复制。

县级以上人民政府统计机构进行监督检查时，监督检查人员不得少于2人，并应当出示执法证件；未出示的，有关部门有权拒绝检查。

第四十二条 县级以上人民政府统计机构履行监督检查职责时，有关部门应当如实反映情况，提供相关证明和资料，不得拒绝、阻碍检查，不得转移、隐匿、篡改、毁弃与部门统计调查有关的统计调查制度、调查资料、调查报告及其他相关证明和资料。

第七章　法律责任

第四十三条 县级以上人民政府有关部门在组织实施部门统计调查活动中有下列行为之一的，由上级人民政府统计机构、本级人民政府统计机构责令改正，予以通报：

（一）违法制定、实施部门统计调查项目；

（二）未执行国家统计标准或者经依法批准的部门统计标准；

（三）未执行批准和备案的部门统计调查制度；

（四）在部门统计调查中统计造假、弄虚作假。

第四十四条 县级以上人民政府有关部门及其工作人员有下列行为之一的，由上级人民政府统计机构、本级人民政府统计机构责令改正，予以通报：

（一）拒绝、阻碍对部门统计调查的监督检查和对部门统计违法行为的查处；

（二）包庇、纵容部门统计违法行为；

（三）向存在部门统计违法行为的单位或者个人通风报信，帮助其逃避查处。

第四十五条 县级以上人民政府统计机构在查处部门统计违法行为中，认为对有关国家工作人员依法应当给予处分的，应当提出给予处分的建议，将处分建议和案件材料移送该国家工作人员的任免机关或者监察机关。

第八章　附　　则

第四十六条 中央编办管理机构编制的群众团体机关、经授权代主管部门行使统计职能的国家级集团公司和工商领域联合会或者协会等开展的统计调查项目，参照部门统计调查项目管理。

县级以上地方人民政府统计机构对本级人民政府有关部门制定的统计调查项目管理，参照本办法执行。

第四十七条 本办法自2017年10月1日起施行。国家统计局1999年公布的《部门统计调查项目管理暂行办法》同时废止。

统计执法证管理办法

(2017年6月26日国家统计局令第20号公布　根据2019年11月26日《国家统计局关于修改〈统计执法证管理办法〉的决定》修订)

第一章　总　　则

第一条　为保障统计执法工作顺利进行，规范统计执法证的颁发和管理工作，根据《中华人民共和国行政处罚法》《中华人民共和国统计法》《中华人民共和国统计法实施条例》等有关法律法规，制定本办法。

第二条　统计执法证的申请、印制、核发、使用和监督管理适用本办法。

第三条　统计执法证是统计执法人员依法从事统计执法活动时证明其身份的有效证件，是履行统计行政执法职责的凭证。

第四条　从事统计执法工作的人员应当持有统计执法证。未取得统计执法证的，不得从事统计执法工作。

统计执法人员依法开展统计执法工作时，应当主动向统计检查对象出示统计执法证。

第五条　国家统计局负责全国统计执法证的颁发和管理工作。

省级统计机构负责本地区、本系统统计执法证的申请、审核、管理工作。

第六条　统计执法证由专用皮夹和内卡组成。

皮夹为横式黑色皮质，外部正面上部镂刻"中华人民共和国"字样、中间镂刻国徽图案、底部镂刻"统计执法证"字样，背面中部镂刻国家统计局标志、底部镂刻"国家统计局颁发"字样；内部放置内卡。

统计执法证内卡左侧为防伪塑封卡，标明"中华人民共和国统计执法证"字样和执法证号、持证人姓名、性别、照片、所在单位、发证机关、有效期限以及国家统计局印章，右侧为纸质卡片，标明执法人员职责、权限和监督电话。

国家对执法证制式有特殊规定的，从其规定。

第二章　证件取得与核发

第七条　取得统计执法证，应当符合下列条件：

（一）理想信念坚定，坚决执行组织决定；

（二）坚持原则，作风正派，忠于职守，遵纪守法；

（三）具备必要的法律知识，熟练掌握统计法律法规规章和相关行政法律法规的内容；

（四）具备必要的统计业务知识，熟悉统计调查制度的主要内容；

（五）熟练掌握统计执法流程和纪律规定；

（六）法律、行政法规和规章规定的其他条件。

第八条　取得统计执法证，应当具备下列资格：

（一）县级以上人民政府统计机构中的公务员或者参照《中华人民共和国公务员法》管理的工作人员，且拟从事统计执法工作；

（二）具有大专以上学历；

（三）具备3年以上统计工作经验，或者具有法律专业本科以上学历且具备1年以上统计工作经验，或者在统计法治机构工作1年以上；

（四）参加省级以上统计机构组织的统计执法培训，并且通过统计执法人员资格考试。

第九条　有以下情形的人员不予颁发统计执法证：

（一）3年内年度考核结果有不称职等次；
（二）在统计工作中有违法记录；
（三）因违反统计法律法规被处分；
（四）因违反纪律受到党纪政务严重处分并在处分影响期。

第十条 省级、市级、县级统计机构申请统计执法证，应当向省级以上统计执法机构提交拟颁发统计执法证人员的下列材料：

（一）统计执法证申请表；
（二）干部任免表；
（三）学历证书复印件；
（四）所在统计机构关于学历、编制、职务、年度考核结果的证明材料；
（五）所在统计机构关于法律知识、统计业务知识、执法能力水平和无本办法第九条所列情形的证明材料。

第十一条 统计机构对拟颁发统计执法证的人员应当依据本办法第七条、第八条、第九条规定进行初步审查。对符合条件和资格的，统计机构按照会议制度规定集体研究确定拟颁发统计执法证的人员名单，在《统计执法证申请表》相应栏目签署审查意见并加盖单位公章，报送省级统计机构审核。

第十二条 省级统计执法机构收到《统计执法证申请表》后，按照本办法规定进行审核，对符合条件和资格的，提交省级统计机构按照会议制度规定集体研究确定拟颁发统计执法证人员，并报国家统计局统计执法监督局审定，由国家统计局颁发统计执法证。

第十三条 国家统计局各单位申请统计执法证的，由司级机构依据本办法第七条、第八条、第九条规定对拟颁发统计执法证人员进行审核，对符合条件和资格的，在《统计执法证申请表》相应栏目签署审核意见并加盖单位公章，报送统计执法监督局。

统计执法监督局按照本办法规定进行审核并集体研究确定拟颁发统计执法证的人员名单，报国家统计局领导审定。

第三章　统计执法培训和考试

第十四条　国家统计局负责组织编制全国统计执法人员培训规划，制定培训大纲。

省级以上统计机构按照培训规划，组织开展统计执法人员岗位培训。

第十五条　统计执法岗位培训分为资格培训和在岗培训，培训内容包括统计法律法规规章、相关行政法律法规、政策理论、统计专业知识、现场执法实务、党纪党规和工作制度等。

第十六条　统计执法岗位培训师资应当是国家统计局、省级统计机构、国家统计局执法骨干人才库中的统计法治工作者、统计业务骨干，法律专家，具有丰富执法经验、熟练执法技能的人员。

第十七条　国家统计局统计执法监督局负责制定统计执法人员资格考试大纲，建立考试题库。

省级以上统计机构按照考试大纲，负责组织本地区、本系统统计执法人员依据国家统计局统计执法监督局提供的试题进行资格考试，实行统一命题、统一制卷、统一阅卷。

第十八条　统计执法人员资格考试包括法律基础知识、统计法律法规、相关法律法规、统计执法专业知识和其他相关知识。

第十九条　省级以上统计机构应当严格按照国家统计局的规定，组织实施资格考试，确保参考人员严格遵守考场纪律。

第二十条　省级以上统计机构应当免费组织开展统计执法人员岗位培训和资格考试。

第四章　证件管理和使用

第二十一条　省级以上统计机构应当加强对持证人员的管理，建立统计执法证数据库并实行动态管理。

省级统计机构应当定期将本地区、本系统统计执法证使用情况报送国家统计局备案。

第二十二条　省级以上统计机构应当通过政府网站向社会公布统计执法证的持有人姓名和所在单位、执法证号等信息，供社会公众查询。

第二十三条　统计执法证由国家统计局统一印制，实行全国统一编号。

统计执法证由国家统计局统一核发。统计执法证自核发之日起，5年内有效。有效期届满的，应当依据本办法重新申请统计执法证。

第二十四条　统计执法证限于持证人员从事统计执法工作使用。

持证人员应当依照法定职权使用统计执法证，不得涂改、复制、转借、抵押、赠送、买卖或者故意毁损，不得使用统计执法证进行非统计执法活动。

第二十五条　持证人员应当妥善保管统计执法证，防止遗失、被盗或者损毁。

统计执法证遗失、被盗或者损毁的，持证人员应当及时报告所在单位，由所在单位按申请程序向原发证机关申请补办。持证人员所在单位和发证机关应当及时将遗失、被盗、损毁的统计执法证公告作废。

第二十六条　持证人员有下列情况之一的，由所在单位收回其统计执法证并经省级统计机构审核后交发证机关注销：

（一）退休；
（二）辞职、被辞退；
（三）不再从事统计执法工作；
（四）统计执法证有效期届满；
（五）因其他原因应当收回。

第五章 监督检查

第二十七条 国家统计局对统计执法证的申请、核发、管理和使用工作进行监督检查。

省级人民政府统计机构、国家统计局调查总队应当对本地区、本系统持证人员使用统计执法证的情况进行监督检查。

第二十八条 建立统计执法证管理工作考核制度。国家统计局定期组织开展统计执法证管理工作抽查，每年对省级统计机构管理统计执法证工作情况进行考核。

第二十九条 建立统计执法证人员抽查制度。国家统计局不定期抽取部分统计执法证持有人员，对资格考试试题范围内容进行复查。

第六章 法律责任

第三十条 持证人员有下列情形之一的，由省级以上统计机构批评教育，责令改正，可以暂扣其统计执法证：

（一）超越法定权限执法或者违反法定程序执法，未造成严重后果；
（二）将统计执法证用于非统计执法活动，未造成严重后果；
（三）涉嫌违纪违法被立案审查，尚未做出结论；
（四）其他原因应当暂扣。

第三十一条 持证人员有下列情形之一的,由省级以上统计机构收缴其统计执法证:

(一)超越法定权限执法或者违反法定程序执法,造成严重后果;

(二)将统计执法证用于非统计执法活动,造成严重后果;

(三)涂改、复制、转借、抵押、赠送、买卖或者故意毁损统计执法证;

(四)利用职务上的便利,索取收受他人财物、收缴罚款据为己有或者进行其他违法活动;

(五)有徇私舞弊、玩忽职守等渎职行为;

(六)年度考核结果不称职;

(七)受到行政拘留处罚、刑事拘留或者判处刑罚;

(八)拒绝、阻碍统计执法检查,包庇、纵容统计违法行为;

(九)受到党纪政务处分;

(十)其他应当收缴统计执法证的情形。

第三十二条 任何单位违反本办法规定,伪造、变造或者冒用统计执法证的,由国家统计局或者省级统计机构责令改正,予以警告,可以予以通报;其直接负责的主管人员和其他直接责任人员属于国家工作人员的,由任免机关或者纪检监察机关依照有关规定予以处分。

第三十三条 违反本办法,擅自制作、发放统计执法证的,由国家统计局责令改正,予以警告,可以予以通报;其直接负责的主管人员和其他直接责任人员属于国家工作人员的,由任免机关或者纪检监察机关依照有关规定予以处分。

第三十四条 违反本办法规定,构成违反治安管理行为的,依法予以治安管理处罚;构成犯罪的,依法追究刑事责任。

第七章 附 则

第三十五条 本办法自公布之日起施行。

统计调查证管理办法

(2017年6月26日国家统计局令第19号公布 自2017年9月1日起施行)

第一条 为保障政府统计调查工作顺利进行，规范统计调查证的颁发和管理工作，根据《中华人民共和国统计法》《中华人民共和国统计法实施条例》等法律法规，制定本办法。

第二条 统计调查证是统计调查人员依法执行政府统计调查任务时证明其身份的有效证件。统计调查人员依法进行政府统计调查活动时，应当主动向统计调查对象出示统计调查证。

县级以上人民政府统计机构工作人员也可以持本单位颁发的工作证执行政府统计调查任务。

全国性普查的普查员和普查指导员，持普查员证或者普查指导员证依法执行普查任务。

第三条 统计调查证由国家统计局统一格式，省级人民政府统计机构、国家统计局调查总队印制，县级以上地方人民政府统计机构、国家统计局各级调查队颁发。

省级人民政府统计机构、国家统计局调查总队依照本办法建立统计调查证核发和管理制度。

第四条 统计调查证可以颁发给下列人员：

（一）县级以上人民政府统计机构工作人员中，直接执行政府统计调查任务的调查人员；

（二）县级以上人民政府统计机构聘用的调查人员。

第五条 取得统计调查证的人员应当经过专业培训，具备相关的统计知识和调查技能。

第六条 取得统计调查证,应当由本人填写登记表,经本人所在单位或者聘用单位审查,报省级人民政府统计机构或者国家统计局调查总队核准后,由本人所在单位或者聘用单位颁发。

第七条 统计调查证应当标明下列内容:

(一)持证人姓名、性别、出生年月;

(二)持证人照片;

(三)持证人所在单位或者聘用单位名称;

(四)发证机关、证件编号;

(五)发证日期、有效期限。

第八条 持证人员的职责是:

(一)宣传、执行统计法律、法规、规章和统计调查制度;

(二)依法开展统计调查,如实搜集、报送统计资料;

(三)要求有关统计调查对象依法真实、准确、完整、及时提供统计资料;

(四)对其负责搜集、审核、录入的统计资料与统计调查对象报送的统计资料的一致性负责,依法要求统计调查对象改正不真实、不准确、不完整的统计资料。

持证人员对在政府统计调查中知悉的统计调查资料负有保密义务。

第九条 发证机关应当加强对持证人员的管理。

持证人员不再从事政府统计调查活动或者统计调查证有效期届满的,由发证机关收回统计调查证。

第十条 持证人员应当妥善保管统计调查证,不得涂改、转借、故意毁损统计调查证,不得使用统计调查证进行与政府统计调查无关的活动。

第十一条 持证人员有下列情况之一的,由县级以上人民政府统计机构予以批评教育,并可以收缴统计调查证。情节较重,属于国家工作人员的,依纪依法给予处分;不属于国家工作人员的，解除聘用合同。构成违反治安管理行为的，依法予以治安管理处罚；构成犯罪的，依法追究刑事责任：

（一）有统计违法行为；

（二）将统计调查证转借他人使用；

（三）利用统计调查证从事与政府统计调查无关的活动；

（四）泄露统计调查资料。

第十二条 任何单位违反本办法规定，伪造、变造或者冒用统计调查证的，由县级以上人民政府统计机构责令改正，予以警告，予以通报。对非经营活动中发生上述违法行为的，还可以处1000元以下的罚款。对经营活动中发生上述违法行为，有违法所得的，可以处违法所得1倍以上3倍以下但不超过3万元的罚款；没有违法所得，还可以处1万元以下的罚款。

对有前款违法行为的有关责任人员，由县级以上人民政府统计机构责令改正予以警告，可以予以通报，可以处1000元以下的罚款；构成违反治安管理行为的，依法予以治安管理处罚；构成犯罪的，依法追究刑事责任。

第十三条 对县级以上人民政府统计机构聘用的执行一次性统计调查任务的调查人员，可以颁发临时统计调查证。

临时统计调查证的颁发、管理由省级人民政府统计机构、国家统计局调查总队规定。

第十四条 省级人民政府统计机构、国家统计局调查总队应当根据本办法制定本地区、本系统统计调查证管理实施办法。

第十五条 本办法自2017年9月1日起实施。国家统计局2007年8月27日公布的《统计调查证管理办法》同时废止。

统计严重失信企业信用管理办法

(2022年5月19日国家统计局令第35号公布 自公布之日起施行)

第一章 总 则

第一条 为推进统计领域信用建设，规范统计严重失信企业信用管理，按照党中央、国务院关于推进诚信建设、完善失信约束决策部署，根据《中华人民共和国统计法》《中华人民共和国统计法实施条例》等相关法律法规规定，制定本办法。

第二条 本办法适用于统计机构对企业的统计严重失信行为及其信息进行认定、记录、归集、共享、公开、惩戒和信用修复等活动。

本办法所称统计机构，是指国家统计局及其派出的调查机构、县级以上地方人民政府统计机构。

本办法所称企业，是指在各级人民政府、县级以上人民政府统计机构和有关部门组织实施的统计活动中，承担统计资料报送义务的企业。

第三条 统计严重失信企业信用管理坚持"谁认定、谁管理、谁负责"的原则，按照依法依规、保护权益、审慎适度的总体思路组织实施。

第四条 国家统计局统一领导全国统计严重失信企业信用管理工作。

县级以上地方人民政府统计机构负责本行政区域内统计严重失信企业的信用管理工作。国家统计局派出的调查机构组织实施的统计调查活动中发生的统计严重失信行为，由组织实施该项统计调查的调查机构负责有关企业的信用管理工作。

县级以上人民政府有关部门对其组织实施的统计调查活动中发现的统计严重失信行为线索，应当移送同级人民政府统计机构依法处理。

第五条 统计机构应当归集、保存履职过程中采集的统计严重失信企业信息，按国家有关规定实施共享。

第二章 认定条件和程序

第六条 企业有下列统计违法行为之一，且属于《中华人民共和国统计法实施条例》第五十条所列情节严重的，统计机构应当认定其为统计严重失信企业。

（一）拒绝提供统计资料或者经催报后仍未按时提供统计资料的；

（二）提供不真实或者不完整的统计资料的；

（三）拒绝答复或者不如实答复统计检查查询书的；

（四）拒绝、阻碍统计调查、统计检查的；

（五）转移、隐匿、篡改、毁弃或者拒绝提供原始记录和凭证、统计台账、统计调查表及其他相关证明和资料的；

（六）其他统计严重失信行为。

第七条 统计机构对符合统计严重失信认定条件的企业，应当在该企业行政处罚决定生效后5个工作日内制作统计严重失信企业认定告知书，告知事由、依据、后果以及享有的陈述、申辩权利，依照《中华人民共和国民事诉讼法》规定的送达方式送达。

第八条 企业自收到统计严重失信认定告知书之日起5个工作日内，可以向作出认定的统计机构提出陈述、申辩。

统计机构认为企业提交的陈述、申辩材料不完整的，应当告知企业在规定时限内补充相关材料。

统计机构应当充分听取企业的意见,对企业提出的事实、理由和证据进行复核;企业提出的事实、理由或者证据成立的,统计机构应当采纳。

第九条 统计机构应当在企业提交陈述、申辩材料时限截止之日起7个工作日内作出决定。统计机构认定企业为统计严重失信企业的,应当制作统计严重失信企业认定决定书,载明以下事项:

(一)企业名称及其法定代表人或者负责人;
(二)统一社会信用代码;
(三)认定事由、依据;
(四)公示渠道、期限和其他严重失信惩戒措施;
(五)信用修复条件和程序;
(六)申请行政复议和提起行政诉讼的途径和期限;
(七)作出认定决定的统计机构名称和认定日期。

统计严重失信企业认定决定书应当依照《中华人民共和国民事诉讼法》规定的送达方式送达。

第三章 信用惩戒和修复

第十条 统计机构应当自作出统计严重失信企业认定决定之日起10个工作日内向社会公示统计严重失信信息,包括:

(一)企业基本信息,包括企业名称、地址、统一社会信用代码、法定代表人或者负责人等;
(二)统计违法行为;
(三)依法处理情况;
(四)其他相关信息。

第十一条 公示统计严重失信企业信息不得泄露国家秘密、

商业秘密、个人隐私，不得危害国家安全和社会公共利益。

第十二条 统计机构应当在本机构门户网站建立统计严重失信企业信息公示专栏公示统计严重失信企业信息，并将公示信息推送到上一级统计机构公示专栏。

未开通门户网站的统计机构，应当将本机构认定的统计严重失信企业信息在上一级统计机构公示专栏公示。

省级统计机构应当及时搜集本机构及市、县级统计机构认定的统计严重失信企业信息，按要求在认定后10个工作日内报送国家统计局，由国家统计局统一按规定推送至全国信用信息共享平台和国家企业信用信息公示系统，并在"信用中国"网站公示。

第十三条 统计严重失信企业的公示期为1年。公示期限届满3日内，统计机构应当将统计严重失信信息移出统计机构门户网站，并同步将移出信息推送至全国信用信息共享平台和国家企业信用信息公示系统。

被认定为统计严重失信企业之日起2年内，企业再次被认定为统计严重失信企业的，自再次认定之日起公示3年。

第十四条 公示期间，作出认定的统计机构应当加强对统计严重失信企业的日常监管，适当提高抽查频次，指导企业改正统计违法行为。

第十五条 统计严重失信企业公示满6个月后，已经履行行政处罚决定、改正统计违法行为且未再发生统计违法行为的，可以向作出认定的统计机构提出信用修复申请。

第十六条 申请信用修复的企业，应当向作出认定的统计机构提交信用修复申请书，包括履行行政处罚决定、整改到位证明材料及统计守信承诺等内容。

第十七条 统计机构应当在收到企业信用修复申请书之日起20个工作日内，对统计严重失信企业的整改情况进行核实，并作出决定。

同意信用修复的，统计机构应当及时将统计严重失信信息移出统计机构门户网站，并同步将修复信息推送至全国信用信息共享平台和国家企业信用信息公示系统。

不同意信用修复的，统计机构应当书面告知企业，并说明理由。

第十八条 统计严重失信企业弄虚作假骗取信用修复的，作出认定的统计机构应当撤销信用修复的决定，并自撤销之日起重新公示1年。

第四章 救济和监督

第十九条 作出认定的统计机构发现统计严重失信企业认定的依据或者公示的信息不准确，应当在2个工作日内更正。

上级统计机构发现下级统计机构认定的依据或者公示的信息不准确，应当要求下级统计机构在2个工作日内更正。

统计严重失信企业有证据证明其被认定的依据或者公示的信息不准确，可以要求作出认定决定的统计机构进行更正。统计机构经核实确认信息不准确的，应当在2个工作日内更正。

第二十条 统计严重失信企业对统计机构作出的认定决定或者信用修复决定不服，可以依法申请行政复议或者提起行政诉讼。

第二十一条 任何单位和个人有权举报企业统计严重失信行为和统计机构在统计严重失信企业信用管理工作中的违法行为。

第二十二条 统计机构未按本办法履行职责的，由上一级统计机构责令改正；情节严重的，对负有责任的主管人员和其他直接责任人员依法依规追究责任。

第五章 附 则

第二十三条 县级以上地方人民政府统计机构、国家统计局派出的调查机构，可以根据工作职责结合本地区、本系统实际情况对企业开展统计信用评价，实行信用分级管理。

第二十四条 本办法由国家统计局负责解释。省级地方人民政府统计机构、国家统计局调查总队可以根据本办法制定本地区、本系统统计严重失信企业信用管理实施细则，并报国家统计局备案。

第二十五条 本办法自公布之日起实施。《企业统计信用管理办法》（国统字〔2019〕33号）、《统计从业人员统计信用档案管理办法》（国统字〔2019〕34号）同时废止。

涉外调查管理办法

（2004年10月13日国家统计局令第7号公布 自公布之日起施行）

第一章 总 则

第一条 为了加强对涉外调查的规范和管理，维护国家安全和社会公共利益，保障调查机构和调查对象的合法权益，根据《中华人民共和国统计法》及其实施细则，制定本办法。

第二条 本办法所称涉外调查，包括：

（一）受境外组织、个人或者境外组织在华机构委托、资助进行的市场调查和社会调查；

（二）与境外组织、个人或者境外组织在华机构合作进行的市场调查和社会调查；

（三）境外组织在华机构依法进行的市场调查；

（四）将调查资料、调查结果提供给境外组织、个人或者境外组织在华机构的市场调查和社会调查。

第三条 本办法所称市场调查，是指收集整理有关商品和商业服务在市场中的表现和前景信息的活动。

本办法所称社会调查，是指市场调查之外，以问卷、访谈、观察或者其他方式，收集、整理和分析有关社会信息的活动。

本办法所称境外，是指中华人民共和国关境外；境内，是指中华人民共和国关境内。

本办法所称境外组织在华机构，是指经我国政府批准，境外组织在境内设立的分支机构和常驻代表机构。

本办法所称涉外调查机构，是指依法取得涉外调查许可证的机构。

第四条 国家统计局会同国务院有关部门负责对全国的涉外调查实施监督管理。县级以上地方各级人民政府统计机构会同同级人民政府有关部门负责对本行政区域内的涉外调查实施监督管理。

第五条 国家统计局和省级人民政府统计机构及其工作人员对在涉外调查管理中知悉的商业秘密，负有保密义务。

第六条 从事涉外调查，必须遵守我国法律、法规、规章和国家有关规定。

第七条 任何组织、个人不得进行可能导致下列后果的涉外调查：

（一）违背宪法确定的基本原则的；

（二）危害国家统一、主权和领土完整的；

（三）窃取、刺探、收买、泄露国家秘密或者情报，危害国家安全、损害国家利益的；

（四）违反国家宗教政策，破坏民族团结的；

（五）扰乱社会经济秩序，破坏社会稳定，损害社会公共利益的；

（六）宣传邪教、迷信的；

（七）进行欺诈活动，侵害他人合法权益的；

（八）法律、法规、规章和国家有关规定认定的其他情形。

第八条 国家实行涉外调查机构资格认定制度和涉外社会调查项目审批制度。

第九条 涉外市场调查必须通过涉外调查机构进行，涉外社会调查必须通过涉外调查机构报经批准后进行。

境外组织和个人不得在境内直接进行市场调查和社会调查，不得通过未取得涉外调查许可证的机构进行市场调查和社会调查。

第二章 涉外调查机构资格认定和管理

第十条 国家统计局和省、自治区、直辖市人民政府统计机构负责对申请涉外调查许可证的机构进行资格认定。

任何个人和未取得涉外调查许可证的组织，不得以任何形式进行涉外调查。

第十一条 申请涉外调查许可证的机构，应当具备下列条件：

（一）依法成立，具有法人资格；

（二）经营范围或业务范围包含市场调查或者社会调查

内容；

（三）具有熟悉国家有关涉外调查管理规定的人员；

（四）具备与所从事涉外调查相适应的调查能力；

（五）在申请之日前一年内开展三项以上调查项目，或者调查营业额达到三十万元；

（六）有严格、健全的资料保密制度；

（七）在最近两年内无重大违法记录。

第十二条 业务范围中含有市场调查内容的境外组织在华机构，具备第十一条第（三）、（六）、（七）项条件的，可以申请涉外调查许可证，在境内直接进行与本机构有关的商品或者商业服务的市场调查；但是，不得从事社会调查。

第十三条 申请涉外调查许可证，应当提交下列文件：

（一）涉外调查许可证申请表；

（二）用以证明第十一条或者第十二条所列内容的其他材料。

第十四条 申请涉外调查许可证的机构，调查范围跨省、自治区、直辖市行政区域的，向国家统计局提出；调查范围限于省、自治区、直辖市行政区域内的，向所在省、自治区、直辖市人民政府统计机构提出。

国家统计局或者省、自治区、直辖市人民政府统计机构应当自受理之日起二十日内，作出批准或者不批准的决定。逾期不能作出决定的，经本行政机关负责人批准，可以延长十日，并将延长期限的理由告知申请人。决定批准的，颁发涉外调查许可证；决定不批准的，应当书面通知申请人，并说明理由。

第十五条 国家统计局颁发的涉外调查许可证，在全国范围内有效。省、自治区、直辖市人民政府统计机构颁发的涉外调查许可证，在本行政区域内有效。

第十六条 涉外调查许可证应当注明调查机构的名称、登记类型、法定代表人或者主要负责人、住所和颁发机关、颁发日期、编号、许可范围、有效期等项内容。

第十七条 涉外调查机构的名称、登记类型、法定代表人或者主要负责人、住所等发生变更的，应当向原颁发机关申请变更涉外调查许可证。

第十八条 涉外调查许可证的有效期为三年。

涉外调查机构需要延续涉外调查许可证有效期的，应当在有效期届满三十日前向原颁发机关提出申请。逾期未提出的，将不再延续涉外调查许可证的有效期。

第十九条 终止涉外调查业务的，应当在终止业务后三十日内，向原颁发机关缴回涉外调查许可证。

涉外调查许可证有效期届满的，应当在届满后三十日内，向原颁发机关缴回已过期的涉外调查许可证。

第二十条 任何组织、个人不得伪造、冒用或者转让涉外调查许可证。

第三章 涉外调查项目管理

第二十一条 国家统计局和省、自治区、直辖市人民政府统计机构负责对涉外社会调查项目的审批。

第二十二条 涉外调查机构申请批准涉外社会调查项目时，应提交下列文件：

（一）涉外社会调查项目申请表；

（二）涉外调查许可证复印件；

（三）委托、资助、合作的合同复印件；

（四）调查方案，包括调查的目的、内容、范围、时间、对象、方式等；

（五）调查问卷、表格或者访谈、观察提纲；

（六）与调查项目有关的其他背景材料。

第二十三条 涉外调查机构申请批准涉外社会调查项目，调查范围跨省、自治区、直辖市行政区域的，向国家统计局提出；调查范围限于省、自治区、直辖市行政区域内的，向所在省、自治区、直辖市人民政府统计机构提出。

国家统计局或者省、自治区、直辖市人民政府统计机构应当自受理之日起二十日内，作出批准或者不批准的决定。逾期不能作出决定的，经本行政机关负责人批准，可以延长十日，并将延长期限的理由告知申请人。决定批准的，发给涉外社会调查项目批准文件；决定不批准的，应当书面通知申请人，并说明理由。

第二十四条 经批准的涉外社会调查项目，不得擅自变更；需要变更的，涉外调查机构应当就变更部分向原批准机关提出申请。

审批机关应当依据第二十三条第二款的规定作出批准或者不批准变更的决定。

第二十五条 涉外调查应当遵循自愿的原则，调查对象有权自主决定是否接受调查，任何组织和个人不得强迫调查对象接受调查。

涉外调查机构进行涉外调查时，应当向调查对象说明调查目的，不得冒用其他机构的名义，不得进行误导。

第二十六条 经批准进行的涉外社会调查，应当在调查问卷、表格或者访谈、观察提纲首页显著位置标明并向调查对象说明下列事项：

（一）涉外调查许可证编号；

（二）调查项目的批准机关、批准文号；

（三）本调查为调查对象自愿接受的调查。

第二十七条 涉外调查机构应当建立涉外调查业务档案。

第二十八条 任何组织、个人不得伪造、冒用或者转让涉外社会调查项目批准文件。

第二十九条 涉外调查机构和有关人员对在涉外调查中知悉的商业秘密和个人隐私，负有保密义务。

第四章　法律责任

第三十条 违反本办法第七条规定的，依照《中华人民共和国统计法实施细则》第三十四条的规定予以处罚。

第三十一条 违反本办法规定，有下列情形之一的，由国家统计局或者省级人民政府统计机构责令改正。其调查活动属于非经营性的，可处以五百元至一千元的罚款；其调查活动属于经营性，有违法所得的，可处以相当于违法所得一至三倍但是不超过三万元的罚款；没有违法所得的，可处以三千元至一万元的罚款。构成犯罪的，依法追究刑事责任：

（一）未通过取得涉外调查许可证的机构进行涉外调查的；

（二）未取得涉外调查许可证进行涉外调查的；

（三）伪造、冒用、转让涉外调查许可证、涉外社会调查项目批准文件的；

（四）使用已超过有效期的涉外调查许可证从事涉外调查的；

（五）超出许可范围从事涉外调查的。

第三十二条 涉外调查机构和有关人员违反本办法规定，有下列情形之一的，由国家统计局或者省级人民政府统计机构责令改正。其调查活动属于非经营性的，可处以五百元至一千元的罚款。其调查活动属于经营性，有违法所得的，可处以相当于违法所得一至三倍但是不超过三万元的罚款；没有违法所得的，可处以三千元至一万元的罚款。构成犯罪的，依法追究刑事责任：

（一）未经批准，擅自进行涉外社会调查的；

（二）未经批准，擅自变更已批准的涉外社会调查项目的；

（三）泄露调查对象商业秘密和个人隐私的；

（四）强迫调查对象接受调查的；

（五）冒用其他机构名义进行涉外调查的；

（六）未建立涉外调查业务档案的；

（七）拒绝接受管理机关检查的；

（八）在接受管理机关检查时，拒绝提供情况和有关材料、提供虚假情况和材料的；

（九）未标明、未向调查对象说明第二十六条规定事项的。

第三十三条 涉外调查机构违反本办法规定，有下列情形之一的，由国家统计局或者省级人民政府统计机构责令改正，给予警告，可处以五百元至一千元的罚款：

（一）涉外调查机构的名称、登记类型、法定代表人或者主要负责人、住所等发生变更，未依法申请变更涉外调查许可证的；

（二）终止涉外调查业务，或者涉外调查许可证有效期届满后，未向原颁发机关缴回涉外调查许可证的。

第三十四条 统计机构工作人员在涉外调查管理中玩忽职守、滥用职权的，依法给予行政处分；构成犯罪的，依法追究刑事责任。

第三十五条 国家统计局和省级人民政府统计机构工作

人员泄露在涉外调查管理中知悉的商业秘密,依法承担民事责任,并对负有直接责任的主管人员和其他直接责任人员依法给予行政处分。

第五章 附 则

第三十六条 我国政府与外国政府及国际组织之间的合作项目中涉及的调查,依据国家有关规定执行。

第三十七条 本办法规定的实施行政许可的期限以工作日计算,不含法定节假日。

第三十八条 本办法自公布之日起施行。1999年7月16日国家统计局公布的《涉外社会调查活动管理暂行办法》同时废止。

全国人口普查条例

(2010年5月12日国务院第111次常务会议通过 2010年5月24日中华人民共和国国务院令第576号公布 自2010年6月1日起施行)

第一章 总 则

第一条 为了科学、有效地组织实施全国人口普查,保障人口普查数据的真实性、准确性、完整性和及时性,根据《中华人民共和国统计法》,制定本条例。

第二条 人口普查的目的是全面掌握全国人口的基本情况,为研究制定人口政策和经济社会发展规划提供依据,为社会公众提供人口统计信息服务。

第三条 人口普查工作按照全国统一领导、部门分工协作、地方分级负责、各方共同参与的原则组织实施。

国务院统一领导全国人口普查工作，研究决定人口普查中的重大问题。地方各级人民政府按照国务院的统一规定和要求，领导本行政区域的人口普查工作。

在人口普查工作期间，各级人民政府设立由统计机构和有关部门组成的人口普查机构（以下简称普查机构），负责人口普查的组织实施工作。

村民委员会、居民委员会应当协助所在地人民政府动员和组织社会力量，做好本区域的人口普查工作。

国家机关、社会团体、企业事业单位应当按照《中华人民共和国统计法》和本条例的规定，参与并配合人口普查工作。

第四条 人口普查对象应当按照《中华人民共和国统计法》和本条例的规定，真实、准确、完整、及时地提供人口普查所需的资料。

人口普查对象提供的资料，应当依法予以保密。

第五条 普查机构和普查机构工作人员、普查指导员、普查员（以下统称普查人员）依法独立行使调查、报告、监督的职权，任何单位和个人不得干涉。

地方各级人民政府、各部门、各单位及其负责人，不得自行修改普查机构和普查人员依法搜集、整理的人口普查资料，不得以任何方式要求普查机构和普查人员及其他单位和个人伪造、篡改人口普查资料，不得对依法履行职责或者拒绝、抵制人口普查违法行为的普查人员打击报复。

第六条 各级人民政府应当利用报刊、广播、电视、互联网和户外广告等媒介，开展人口普查的宣传动员工作。

第七条 人口普查所需经费，由国务院和地方各级人民政府共同负担，并列入相应年度的财政预算，按时拨付，确保足额到位。

人口普查经费应当统一管理、专款专用，从严控制支出。

第八条 人口普查每10年进行一次，尾数逢0的年份为普查年度，标准时点为普查年度的11月1日零时。

第九条 国家统计局会同国务院有关部门制定全国人口普查方案（以下简称普查方案），报国务院批准。

人口普查应当按照普查方案的规定执行。

第十条 对认真执行本条例，忠于职守、坚持原则，做出显著成绩的单位和个人，按照国家有关规定给予表彰和奖励。

第二章　人口普查的对象、内容和方法

第十一条 人口普查对象是指普查标准时点在中华人民共和国境内的自然人以及在中华人民共和国境外但未定居的中国公民，不包括在中华人民共和国境内短期停留的境外人员。

第十二条 人口普查主要调查人口和住户的基本情况，内容包括姓名、性别、年龄、民族、国籍、受教育程度、行业、职业、迁移流动、社会保障、婚姻、生育、死亡、住房情况等。

第十三条 人口普查采用全面调查的方法，以户为单位进行登记。

第十四条 人口普查采用国家统计分类标准。

第三章　人口普查的组织实施

第十五条 人口普查登记前，公安机关应当按照普查方案的规定完成户口整顿工作，并将有关资料提交本级人口普查机构。

第十六条 人口普查登记前应当划分普查区，普查区以村民

委员会、居民委员会所辖区域为基础划分,每个普查区划分为若干普查小区。

第十七条 每个普查小区应当至少有一名普查员,负责入户登记等普查工作。每个普查区应当至少有一名普查指导员,负责安排、指导、督促和检查普查员的工作,也可以直接进行入户登记。

第十八条 普查指导员和普查员应当具有初中以上文化水平,身体健康,责任心强。

第十九条 普查指导员和普查员可以从国家机关、社会团体、企业事业单位借调,也可以从村民委员会、居民委员会或者社会招聘。借调和招聘工作由县级人民政府负责。

国家鼓励符合条件的公民作为志愿者参与人口普查工作。

第二十条 借调的普查指导员和普查员的工资由原单位支付,其福利待遇保持不变,并保留其原有工作岗位。

招聘的普查指导员和普查员的劳动报酬,在人口普查经费中予以安排,由聘用单位支付。

第二十一条 普查机构应当对普查指导员和普查员进行业务培训,并对考核合格的人员颁发全国统一的普查指导员证或者普查员证。

普查指导员和普查员执行人口普查任务时,应当出示普查指导员证或者普查员证。

第二十二条 人口普查登记前,普查指导员、普查员应当绘制普查小区图,编制普查小区户主姓名底册。

第二十三条 普查指导员、普查员入户登记时,应当向人口普查对象说明人口普查的目的、法律依据以及人口普查对象的权利和义务。

第二十四条 人口普查对象应当按时提供人口普查所需的资料,如实回答相关问题,不得隐瞒有关情况,不得提供虚假信息,不得拒绝或者阻碍人口普查工作。

第二十五条 人口普查对象应当在普查表上签字或者盖章确认，并对其内容的真实性负责。

第二十六条 普查人员应当坚持实事求是，恪守职业道德，拒绝、抵制人口普查工作中的违法行为。

普查机构和普查人员不得伪造、篡改普查资料，不得以任何方式要求任何单位和个人提供虚假的普查资料。

第二十七条 人口普查实行质量控制岗位责任制，普查机构应当对人口普查实施中的每个环节实行质量控制和检查，对人口普查数据进行审核、复查和验收。

第二十八条 国家统计局统一组织人口普查数据的事后质量抽查工作。

第四章 人口普查资料的管理和公布

第二十九条 地方各级普查机构应当按照普查方案的规定进行数据处理，并按时上报人口普查资料。

第三十条 人口普查汇总资料，除依法应当保密的外，应当予以公布。

全国和各省、自治区、直辖市主要人口普查数据，由国家统计局以公报形式公布。

地方人民政府统计机构公布本行政区域主要人口普查数据，应当报经上一级人民政府统计机构核准。

第三十一条 各级人民政府统计机构应当做好人口普查资料的管理、开发和应用，为社会公众提供查询、咨询等服务。

第三十二条 人口普查中获得的原始普查资料，按照国家有关规定保存、销毁。

第三十三条 人口普查中获得的能够识别或者推断单个普查对象身份的资料，任何单位和个人不得对外提供、泄露，不得作为对人口普查对象作出具体行政行为的依据，不得用于人口普查以外的目的。

人口普查数据不得作为对地方人民政府进行政绩考核和责任追究的依据。

第五章 法律责任

第三十四条 地方人民政府、政府统计机构或者有关部门、单位的负责人有下列行为之一的，由任免机关或者监察机关依法给予处分，并由县级以上人民政府统计机构予以通报；构成犯罪的，依法追究刑事责任：

（一）自行修改人口普查资料、编造虚假人口普查数据的；

（二）要求有关单位和个人伪造、篡改人口普查资料的；

（三）不按照国家有关规定保存、销毁人口普查资料的；

（四）违法公布人口普查资料的；

（五）对依法履行职责或者拒绝、抵制人口普查违法行为的普查人员打击报复的；

（六）对本地方、本部门、本单位发生的严重人口普查违法行为失察的。

第三十五条 普查机构在组织实施人口普查活动中有下列违法行为之一的，由本级人民政府或者上级人民政府统计机构责令改正，予以通报；对直接负责的主管人员和其他直接责任人员，由任免机关或者监察机关依法给予处分：

（一）不执行普查方案的；

（二）伪造、篡改人口普查资料的；

（三）要求人口普查对象提供不真实的人口普查资料的；

（四）未按照普查方案的规定报送人口普查资料的；

（五）违反国家有关规定，造成人口普查资料毁损、灭失的；

（六）泄露或者向他人提供能够识别或者推断单个普查对象身份的资料的。

普查人员有前款所列行为之一的，责令其停止执行人口普查任务，予以通报，依法给予处分。

第三十六条 人口普查对象拒绝提供人口普查所需的资料，或者提供不真实、不完整的人口普查资料的，由县级以上人民政府统计机构责令改正，予以批评教育。

人口普查对象阻碍普查机构和普查人员依法开展人口普查工作，构成违反治安管理行为的，由公安机关依法给予处罚。

第三十七条 县级以上人民政府统计机构应当设立举报电话和信箱，接受社会各界对人口普查违法行为的检举和监督。

第六章 附 则

第三十八条 中国人民解放军现役军人、人民武装警察等人员的普查内容和方法，由国家统计局会同国务院有关部门、军队有关部门规定。

交通极为不便地区的人口普查登记的时间和方法，由国家统计局会同国务院有关部门规定。

第三十九条 香港特别行政区、澳门特别行政区的人口数，按照香港特别行政区政府、澳门特别行政区政府公布的资料计算。

台湾地区的人口数，按照台湾地区有关主管部门公布的资料计算。

第四十条 为及时掌握人口发展变化情况，在两次人口普查之间进行全国1%人口抽样调查。全国1%人口抽样调查参照本条例执行。

第四十一条 本条例自2010年6月1日起施行。

全国农业普查条例

(2006年8月23日中华人民共和国国务院令第473号公布 自公布之日起施行)

第一章 总 则

第一条 为了科学、有效地组织实施全国农业普查，保障农业普查数据的准确性和及时性，根据《中华人民共和国统计法》，制定本条例。

第二条 农业普查的目的，是全面掌握我国农业、农村和农民的基本情况，为研究制定经济社会发展战略、规划、政策和科学决策提供依据，并为农业生产经营者和社会公众提供统计信息服务。

第三条 农业普查工作按照全国统一领导、部门分工协作、地方分级负责的原则组织实施。

第四条 国家机关、社会团体以及与农业普查有关的单位和个人，应当依照《中华人民共和国统计法》和本条例的规定，积极参与并密切配合农业普查工作。

第五条 各级农业普查领导小组办公室（以下简称普查办公室）和普查办公室工作人员、普查指导员、普查员（以下统称普查人员）依法独立行使调查、报告、监督的职权，任何单位和个人不得干涉。

各地方、各部门、各单位的领导人对普查办公室和普查人员依法提供的农业普查资料不得自行修改，不得强令、授意普查办公室、普查人员和普查对象篡改农业普查资料或者编造虚假数据，不得对拒绝、抵制篡改农业普查资料或者拒绝、抵制编造虚假数据的人员打击报复。

第六条 各级宣传部门应当充分利用报刊、广播、电视、互联网和户外广告等媒体,采取多种形式,认真做好农业普查的宣传动员工作。

第七条 农业普查所需经费,由中央和地方各级人民政府共同负担,并列入相应年度的财政预算,按时拨付,确保足额到位。

农业普查经费应当统一管理、专款专用、从严控制支出。

第八条 农业普查每10年进行一次,尾数逢6的年份为普查年度,标准时点为普查年度的12月31日24时。特殊地区的普查登记时间经国务院农业普查领导小组办公室批准,可以适当调整。

第二章 农业普查的对象、范围和内容

第九条 农业普查对象是在中华人民共和国境内的下列个人和单位:

(一)农村住户,包括农村农业生产经营户和其他住户;

(二)城镇农业生产经营户;

(三)农业生产经营单位;

(四)村民委员会;

(五)乡镇人民政府。

第十条 农业普查对象应当如实回答普查人员的询问,按时填报农业普查表,不得虚报、瞒报、拒报和迟报。

农业普查对象应当配合县级以上人民政府统计机构和国家统计局派出的调查队依法进行的监督检查,如实反映情况,提供有关资料,不得拒绝、推诿和阻挠检查,不得转移、隐匿、篡改、毁弃原始记录、统计台账、普查表、会计资料及其他相关资料。

第十一条 农业普查行业范围包括：农作物种植业、林业、畜牧业、渔业和农林牧渔服务业。

第十二条 农业普查内容包括：农业生产条件、农业生产经营活动、农业土地利用、农村劳动力及就业、农村基础设施、农村社会服务、农民生活，以及乡镇、村民委员会和社区环境等情况。

前款规定的农业普查内容，国务院农业普查领导小组办公室可以根据具体情况进行调整。

第十三条 农业普查采用全面调查的方法。国务院农业普查领导小组办公室可以决定对特定内容采用抽样调查的方法。

第十四条 农业普查采用国家统计分类标准。

第十五条 农业普查方案由国务院农业普查领导小组办公室统一制订。

省级普查办公室可以根据需要增设农业普查附表，报经国务院农业普查领导小组办公室批准后实施。

第三章 农业普查的组织实施

第十六条 国务院设立农业普查领导小组及其办公室。国务院农业普查领导小组负责组织和领导全国农业普查工作。国务院农业普查领导小组办公室设在国家统计局，具体负责农业普查日常工作的组织和协调。

第十七条 地方各级人民政府设立农业普查领导小组及其办公室，按照国务院农业普查领导小组及其办公室的统一规定和要求，负责本行政区域内农业普查的组织实施工作。国家统计局派出的调查队作为农业普查领导小组及其办公室的成员单位，参与农业普查的组织实施工作。

村民委员会应当在乡镇人民政府的指导下做好本区域内的农

业普查工作。

第十八条 国务院和地方各级人民政府的有关部门应当积极参与并密切配合普查办公室开展农业普查工作。

军队、武警部队所属农业生产单位的农业普查工作，由军队、武警部队分别负责组织实施。

新疆生产建设兵团的农业普查工作，由新疆生产建设兵团农业普查领导小组及其办公室负责组织实施。

第十九条 农村的普查现场登记按普查区进行。普查区以村民委员会管理地域为基础划分，每个普查区可以划分为若干个普查小区。

城镇的普查现场登记，按照普查方案的规定进行。

第二十条 每个普查小区配备一名普查员，负责普查的访问登记工作。每个普查区至少配备一名普查指导员，负责安排、指导和督促检查普查员的工作，也可以直接进行访问登记。

普查指导员和普查员主要由有较高文化水平的乡村干部、村民小组长和其他当地居民担任。

普查指导员和普查员应当身体健康、责任心强。

第二十一条 普查办公室根据工作需要，可以聘用或者从其他有关单位借调人员从事农业普查工作。有关单位应当积极推荐符合条件的人员从事农业普查工作。

聘用人员应当由聘用单位支付劳动报酬。借调人员的工资由原单位支付，其福利待遇保持不变。

农业普查经费中应当对村普查指导员、普查员安排适当的工作补贴。

第二十二条 地方普查办公室应当对普查指导员和普查员进行业务培训，并对考核合格的人员颁发全国统一的普查指导员证或者普查员证。

第二十三条 普查人员有权就与农业普查有关的问题询问有

关单位和个人，要求有关单位和个人如实提供有关情况和资料、修改不真实的资料。

第二十四条 普查人员应当坚持实事求是，恪守职业道德，拒绝、抵制农业普查工作中的违法行为。

普查人员应当严格执行普查方案，不得伪造、篡改普查资料，不得强令、授意普查对象提供虚假的普查资料。

普查指导员和普查员执行农业普查任务时，应当出示普查指导员证或者普查员证。

第二十五条 普查员应当依法直接访问普查对象，当场进行询问、填报。普查表填写完成后，应当由普查对象签字或者盖章确认。普查对象应当对其签字或者盖章的普查资料的真实性负责。

普查人员应当对其负责登记、审核、录入的普查资料与普查对象签字或者盖章的普查资料的一致性负责。

普查办公室应当对其加工、整理的普查资料的准确性负责。

第四章　数据处理和质量控制

第二十六条 农业普查数据处理方案和实施办法，由国务院农业普查领导小组办公室制订。

地方普查办公室应当按照数据处理方案和实施办法的规定进行数据处理，并按时上报普查数据。

第二十七条 农业普查的数据处理工作由设区的市级以上普查办公室组织实施。

第二十八条 普查办公室应当做好数据备份和加载入库工作，建立健全农业普查数据库系统，并加强日常管理和维护更新。

第二十九条 国家建立农业普查数据质量控制制度。

普查办公室应当对普查实施中的每个环节实行质量控制和检查验收。

第三十条 普查人员实行质量控制工作责任制。

普查人员应当按照普查方案的规定对普查数据进行审核、复查和验收。

第三十一条 国务院农业普查领导小组办公室统一组织农业普查数据的事后质量抽查工作。抽查结果作为评估全国或者各省、自治区、直辖市农业普查数据质量的重要依据。

第五章 数据公布、资料管理和开发应用

第三十二条 国家建立农业普查资料公布制度。

农业普查汇总资料，除依法予以保密的外，应当及时向社会公布。

全国农业普查数据和各省、自治区、直辖市的主要农业普查数据，由国务院农业普查领导小组办公室审定并会同国务院有关部门公布。

地方普查办公室发布普查公报，应当报经上一级普查办公室核准。

第三十三条 普查办公室和普查人员对在农业普查工作中搜集的单个普查对象的资料，应予保密，不得用于普查以外的目的。

第三十四条 普查办公室应当做好农业普查资料的保存、管理和为社会公众提供服务等工作，并对农业普查资料进行开发和应用。

第三十五条 县级以上各级人民政府统计机构和有关部门可以根据农业普查结果，对有关常规统计的历史数据进行修正，具体办法由国家统计局规定。

第六章 表彰和处罚

第三十六条 对认真执行本条例，忠于职守，坚持原则，做出显著成绩的单位和个人，应当给予奖励。

第三十七条 地方、部门、单位的领导人自行修改农业普查资料,强令、授意普查办公室、普查人员和普查对象篡改农业普查资料或者编造虚假数据,对拒绝、抵制篡改农业普查资料或者拒绝、抵制编造虚假数据的人员打击报复的,依法给予行政处分或纪律处分,并由县级以上人民政府统计机构或者国家统计局派出的调查队给予通报批评;构成犯罪的,依法追究刑事责任。

第三十八条 普查人员不执行普查方案,伪造、篡改普查资料,强令、授意普查对象提供虚假普查资料的,由县级以上人民政府统计机构或者国家统计局派出的调查队责令改正,依法给予行政处分或者纪律处分,并可以给予通报批评。

第三十九条 农业普查对象有下列违法行为之一的,由县级以上人民政府统计机构或者国家统计局派出的调查队责令改正,给予通报批评;情节严重的,对负有直接责任的主管人员和其他直接责任人员依法给予行政处分或者纪律处分:

(一)拒绝或者妨碍普查办公室、普查人员依法进行调查的;

(二)提供虚假或者不完整的农业普查资料的;

(三)未按时提供与农业普查有关的资料,经催报后仍未提供的;

(四)拒绝、推诿和阻挠依法进行的农业普查执法检查的;

(五)在接受农业普查执法检查时,转移、隐匿、篡改、毁弃原始记录、统计台账、普查表、会计资料及其他相关资料的。

农业生产经营单位有前款所列违法行为之一的,由县级以上人民政府统计机构或者国家统计局派出的调查队予以警告,并可以处5万元以下罚款;农业生产经营户有前款所列违法行为之一的,由县级以上人民政府统计机构或者国家统计局派出的调查队予以警告,并可以处1万元以下罚款。

农业普查对象有本条第一款第(一)、(四)项所列违法行为之一的，由公安机关依法给予治安管理处罚。

第四十条 普查人员失职、渎职等造成严重后果的，应当依法给予行政处分或者纪律处分，并可以由县级以上人民政府统计机构或者国家统计局派出的调查队给予通报批评。

第四十一条 普查办公室应当设立举报电话和信箱，接受社会各界对农业普查违法行为的检举和监督，并对举报有功人员给予奖励。

第七章 附 则

第四十二条 本条例自公布之日起施行。

全国经济普查条例

（2004年9月5日中华人民共和国国务院令第415号公布 根据2018年8月11日《国务院关于修改〈全国经济普查条例〉的决定》修订）

第一章 总 则

第一条 为了科学、有效地组织实施全国经济普查，保障经济普查数据的准确性和及时性，根据《中华人民共和国统计法》，制定本条例。

第二条 经济普查的目的，是为了全面掌握我国第二产业、第三产业的发展规模、结构和效益等情况，建立健全基本单位名录库及其数据库系统，为研究制定国民经济和社会发展规划，提高决策和管理水平奠定基础。

第三条 经济普查工作按照全国统一领导、部门分工协作、地方分级负责、各方共同参与的原则组织实施。

第四条 国家机关、社会团体、企业事业单位、其他组织和个体经营户应当依照《中华人民共和国统计法》和本条例的规定，积极参与并密切配合经济普查工作。

第五条 各级宣传部门应当充分利用报刊、广播、电视、互联网和户外广告等媒体，认真做好经济普查的社会宣传、动员工作。

第六条 经济普查所需经费，由中央和地方各级人民政府共同负担，并列入相应年度的财政预算，按时拨付，确保到位。

经济普查经费应当统一管理、专款专用，从严控制支出。

第七条 经济普查每5年进行一次，标准时点为普查年份的12月31日。

第二章 经济普查对象、范围和方法

第八条 经济普查对象是在中华人民共和国境内从事第二产业、第三产业活动的全部法人单位、产业活动单位和个体经营户。

第九条 经济普查对象有义务接受经济普查机构和经济普查人员依法进行的调查。

经济普查对象应当如实、按时填报经济普查表，不得虚报、瞒报、拒报和迟报经济普查数据。

经济普查对象应当按照经济普查机构和经济普查人员的要求，及时提供与经济普查有关的资料。

第十条 经济普查的行业范围为第二产业、第三产业所涵盖的行业，具体行业分类依照以国家标准形式公布的《国民经济行业分类》执行。

第十一条 经济普查采用全面调查的方法，但对小微企业和个体经营户的生产经营情况等可以采用抽样调查的方法。

经济普查应当充分利用行政记录等资料。

第三章 经济普查表式、主要内容和标准

第十二条 经济普查按照对象的不同类型，设置法人单位调查表、产业活动单位调查表和个体经营户调查表。

第十三条 经济普查的主要内容包括：单位基本属性、从业人员、财务状况、生产经营情况、生产能力、原材料和能源消耗、科技活动情况等。

第十四条 经济普查采用国家规定的统计分类标准和目录。

第四章 经济普查的组织实施

第十五条 国务院设立经济普查领导小组及其办公室。国务院经济普查领导小组负责经济普查的组织和实施。领导小组办公室设在国家统计局，具体负责经济普查的日常组织和协调。

国务院各有关部门应当各负其责、密切配合，认真做好相关工作。

第十六条 地方各级人民政府设立经济普查领导小组及其办公室，按照国务院经济普查领导小组及其办公室的统一规定和要求，具体组织实施当地的经济普查工作。

街道办事处和居（村）民委员会应当广泛动员和组织社会力量积极参与并认真做好经济普查工作。

第十七条 国务院和地方各级人民政府有关部门设立经济普查机构，负责完成国务院和本级地方人民政府经济普查领导小组办公室指定的经济普查任务。

第十八条 大型企业应当设立经济普查机构，负责本企业经

济普查表的填报工作。其他各类法人单位应当指定相关人员负责本单位经济普查表的填报工作。

第十九条 地方各级经济普查机构应当根据工作需要，聘用或者从有关单位商调普查指导员和普查员。各有关单位应当积极推荐符合条件的人员担任普查指导员和普查员。

普查指导员和普查员应当身体健康、责任心强并具有相应的专业知识。

第二十条 聘用人员应当由当地经济普查机构支付劳动报酬。商调人员的工资由原单位支付，其福利待遇保持不变。

第二十一条 地方各级经济普查机构应当统一对普查指导员和普查员进行业务培训，并经考核合格后颁发普查指导员证或者普查员证。普查指导员和普查员在执行经济普查任务时，应当主动出示证件。

普查员负责组织指导经济普查对象填报经济普查表，普查指导员负责指导、检查普查员的工作。

第二十二条 普查指导员和普查员有权查阅法人单位、产业活动单位和个体经营户与经济普查有关的财务会计、统计和业务核算等相关原始资料及有关经营证件，有权要求经济普查对象改正其经济普查表中不确实的内容。

第二十三条 各级经济普查机构在经济普查准备阶段应当进行单位清查，准确界定经济普查表的种类。

各级编制、民政、税务、市场监管以及其他具有单位设立审批、登记职能的部门，负责向同级经济普查机构提供其审批或者登记的单位资料，并共同做好单位清查工作。

县级经济普查机构以本地区现有基本单位名录库为基础，结合有关部门提供的单位资料，按照经济普查小区逐一核实清查，形成经济普查单位名录。

第二十四条 各级经济普查机构应当按照清查形成的单位名

录,做好经济普查数据的采集、审核和上报等工作。

法人单位填报法人单位调查表,并负责组织其下属的产业活动单位填报产业活动单位调查表。

第二十五条 各级经济普查机构和经济普查人员依法独立行使调查、报告、监督的职权,任何单位和个人不得干涉。

各地方、各部门、各单位的领导人对经济普查机构和经济普查人员依法提供的经济普查资料不得自行修改,不得强令或者授意经济普查机构、经济普查人员篡改经济普查资料或者编造虚假数据。

第五章 数据处理和质量控制

第二十六条 经济普查的数据处理工作由县级以上各级经济普查机构组织实施。

国务院经济普查领导小组办公室负责提供各地方使用的数据处理标准和程序。

地方各级经济普查机构按照国务院经济普查领导小组办公室的统一要求和标准进行数据处理,并上报经济普查数据。

第二十七条 经济普查数据处理结束后,各级经济普查机构应当做好数据备份和数据入库工作,建立健全基本单位名录库及其数据库系统,并强化日常管理和维护更新。

第二十八条 地方各级经济普查机构应当根据国务院经济普查领导小组办公室的统一规定,建立经济普查数据质量控制岗位责任制,并对经济普查实施中的每个环节实行质量控制和检查验收。

第二十九条 国务院经济普查领导小组办公室统一组织经济普查数据的质量抽查工作,抽查结果作为评估全国及各地区经济普查数据质量的主要依据。

各级经济普查机构应当对经济普查的汇总数据进行认真分析和综合评估。

第六章 数据公布、资料管理和开发应用

第三十条 各级经济普查机构应当按照国家规定发布经济普查公报。

地方各级经济普查机构发布经济普查公报应当经上一级经济普查机构核准。

第三十一条 各级经济普查机构应当认真做好经济普查资料的保存、管理和对社会公众提供服务等项工作，并对经济普查资料进行开发和应用。

第三十二条 各级经济普查机构及其工作人员对在经济普查中所知悉的国家秘密和经济普查对象的商业秘密、个人信息，应当依法履行保密义务。

第三十三条 经济普查取得的单位和个人资料，严格限定用于经济普查的目的，不作为任何单位对经济普查对象实施处罚的依据。

第七章 表彰和处罚

第三十四条 对在经济普查工作中贡献突出的先进集体和先进个人，由各级经济普查机构给予表彰和奖励。

第三十五条 地方、部门、单位的领导人自行修改经济普查资料、编造虚假数据或者强令、授意经济普查机构、经济普查人员篡改经济普查资料或者编造虚假数据的，依法给予处分，并由县级以上人民政府统计机构予以通报。

经济普查人员参与篡改经济普查资料、编造虚假数据的，由

县级以上人民政府统计机构责令改正，依法给予处分，或者建议有关部门、单位依法给予处分。

第三十六条 经济普查对象（个体经营户除外）有下列行为之一的，由县级以上人民政府统计机构责令改正，给予警告，可以予以通报；其直接负责的主管人员和其他直接责任人员属于国家工作人员的，依法给予处分：

（一）拒绝或者妨碍接受经济普查机构、经济普查人员依法进行的调查的；

（二）提供虚假或者不完整的经济普查资料的；

（三）未按时提供与经济普查有关的资料，经催报后仍未提供的。

企业事业单位或者其他组织有前款所列行为之一的，可以并处 5 万元以下的罚款；情节严重的，并处 5 万元以上 20 万元以下的罚款。

个体经营户有本条第一款所列行为之一的，由县级以上人民政府统计机构责令改正，给予警告，可以并处 1 万元以下的罚款。

第三十七条 各级经济普查机构应当设立举报电话，接受社会各界对经济普查中单位和个人违法行为的检举和监督，并对举报有功人员给予奖励。

第八章 附 则

第三十八条 本条例自公布之日起施行。

土地调查条例

(2008年2月7日中华人民共和国国务院令第518号公布 根据2016年2月6日《国务院关于修改部分行政法规的决定》第一次修订 根据2018年3月19日《国务院关于修改和废止部分行政法规的决定》第二次修订)

第一章 总 则

第一条 为了科学、有效地组织实施土地调查,保障土地调查数据的真实性、准确性和及时性,根据《中华人民共和国土地管理法》和《中华人民共和国统计法》,制定本条例。

第二条 土地调查的目的,是全面查清土地资源和利用状况,掌握真实准确的土地基础数据,为科学规划、合理利用、有效保护土地资源,实施最严格的耕地保护制度,加强和改善宏观调控提供依据,促进经济社会全面协调可持续发展。

第三条 土地调查工作按照全国统一领导、部门分工协作、地方分级负责、各方共同参与的原则组织实施。

第四条 土地调查所需经费,由中央和地方各级人民政府共同负担,列入相应年度的财政预算,按时拨付,确保足额到位。

土地调查经费应当统一管理、专款专用、从严控制支出。

第五条 报刊、广播、电视和互联网等新闻媒体,应当及时开展土地调查工作的宣传报道。

第二章 土地调查的内容和方法

第六条 国家根据国民经济和社会发展需要,每10年进行一次全国土地调查；根据土地管理工作的需要，每年进行土地变更调查。

第七条 土地调查包括下列内容：

（一）土地利用现状及变化情况，包括地类、位置、面积、分布等状况；

（二）土地权属及变化情况，包括土地的所有权和使用权状况；

（三）土地条件，包括土地的自然条件、社会经济条件等状况。

进行土地利用现状及变化情况调查时，应当重点调查基本农田现状及变化情况，包括基本农田的数量、分布和保护状况。

第八条 土地调查采用全面调查的方法，综合运用实地调查统计、遥感监测等手段。

第九条 土地调查采用《土地利用现状分类》国家标准、统一的技术规程和按照国家统一标准制作的调查基础图件。

土地调查技术规程，由国务院国土资源主管部门会同国务院有关部门制定。

第三章 土地调查的组织实施

第十条 县级以上人民政府国土资源主管部门会同同级有关部门进行土地调查。

乡（镇）人民政府、街道办事处和村（居）民委员会应当广泛动员和组织社会力量积极参与土地调查工作。

第十一条 县级以上人民政府有关部门应当积极参与和密切配合土地调查工作，依法提供土地调查需要的相关资料。

社会团体以及与土地调查有关的单位和个人应当依照本条例的规定，配合土地调查工作。

第十二条 全国土地调查总体方案由国务院国土资源主管部门会同国务院有关部门拟订，报国务院批准。县级以上地方人民政府国土资源主管部门会同同级有关部门按照国家统一要求，根据本行政区域的土地利用特点，编制地方土地调查实施方案，报上一级人民政府国土资源主管部门备案。

第十三条　在土地调查中，需要面向社会选择专业调查队伍承担的土地调查任务，应当通过招标投标方式组织实施。

承担土地调查任务的单位应当具备以下条件：

（一）具有法人资格；

（二）有与土地调查相关的工作业绩；

（三）有完备的技术和质量管理制度；

（四）有经过培训且考核合格的专业技术人员。

国务院国土资源主管部门应当会同国务院有关部门加强对承担土地调查任务单位的监管和服务。

第十四条　土地调查人员应当坚持实事求是，恪守职业道德，具有执行调查任务所需要的专业知识。

土地调查人员应当接受业务培训，经考核合格领取全国统一的土地调查员工作证。

第十五条　土地调查人员应当严格执行全国土地调查总体方案和地方土地调查实施方案、《土地利用现状分类》国家标准和统一的技术规程，不得伪造、篡改调查资料，不得强令、授意调查对象提供虚假的调查资料。

土地调查人员应当对其登记、审核、录入的调查资料与现场调查资料的一致性负责。

第十六条　土地调查人员依法独立行使调查、报告、监督和检查职权，有权根据工作需要进行现场调查，并按照技术规程进行现场作业。

土地调查人员有权就与调查有关的问题询问有关单位和个人，要求有关单位和个人如实提供相关资料。

土地调查人员进行现场调查、现场作业以及询问有关单位和个人时，应当出示土地调查员工作证。

第十七条　接受调查的有关单位和个人应当如实回答询问，履行现场指界义务，按照要求提供相关资料，不得转移、隐匿、篡改、毁弃原始记录和土地登记簿等相关资料。

第十八条　各地方、各部门、各单位的负责人不得擅自修改土地调查资料、数据，不得强令或者授意土地调查人员篡改调查资料、数据或者编造虚假数据，不得对拒绝、抵制篡改调查资料、数据或者编造虚假数据的土地调查人员打击报复。

第四章　调查成果处理和质量控制

第十九条　土地调查形成下列调查成果：
（一）数据成果；
（二）图件成果；
（三）文字成果；
（四）数据库成果。

第二十条　土地调查成果实行逐级汇交、汇总统计制度。

土地调查数据的处理和上报应当按照全国土地调查总体方案和有关标准进行。

第二十一条　县级以上地方人民政府对本行政区域的土地调查成果质量负总责，主要负责人是第一责任人。

县级以上人民政府国土资源主管部门会同同级有关部门对调查的各个环节实行质量控制，建立土地调查成果质量控制岗位责任制，切实保证调查的数据、图件和被调查土地实际状况三者一致，并对其加工、整理、汇总的调查成果的准确性负责。

第二十二条　国务院国土资源主管部门会同国务院有关部门统一组织土地调查成果质量的抽查工作。抽查结果作为评价土地调查成果质量的重要依据。

第二十三条　土地调查成果实行分阶段、分级检查验收制度。前一阶段土地调查成果经检查验收合格后，方可开展下一阶段的调查工作。

土地调查成果检查验收办法，由国务院国土资源主管部门会同国务院有关部门制定。

第五章　调查成果公布和应用

第二十四条　国家建立土地调查成果公布制度。

土地调查成果应当向社会公布，并接受公开查询，但依法应当保密的除外。

第二十五条　全国土地调查成果，报国务院批准后公布。

地方土地调查成果，经本级人民政府审核，报上一级人民政府批准后公布。

全国土地调查成果公布后，县级以上地方人民政府方可逐级依次公布本行政区域的土地调查成果。

第二十六条　县级以上人民政府国土资源主管部门会同同级有关部门做好土地调查成果的保存、管理、开发、应用和为社会公众提供服务等工作。

国家通过土地调查，建立互联共享的土地调查数据库，并做好维护、更新工作。

第二十七条　土地调查成果是编制国民经济和社会发展规划以及从事国土资源规划、管理、保护和利用的重要依据。

第二十八条　土地调查成果应当严格管理和规范使用，不作为依照其他法律、行政法规对调查对象实施行政处罚的依据，不作为划分部门职责分工和管理范围的依据。

第六章　表彰和处罚

第二十九条　对在土地调查工作中做出突出贡献的单位和个

人，应当按照国家有关规定给予表彰或者奖励。

第三十条 地方、部门、单位的负责人有下列行为之一的，依法给予处分；构成犯罪的，依法追究刑事责任：

（一）擅自修改调查资料、数据的；

（二）强令、授意土地调查人员篡改调查资料、数据或者编造虚假数据的；

（三）对拒绝、抵制篡改调查资料、数据或者编造虚假数据的土地调查人员打击报复的。

第三十一条 土地调查人员不执行全国土地调查总体方案和地方土地调查实施方案、《土地利用现状分类》国家标准和统一的技术规程，或者伪造、篡改调查资料，或者强令、授意接受调查的有关单位和个人提供虚假调查资料的，依法给予处分，并由县级以上人民政府国土资源主管部门、统计机构予以通报批评。

第三十二条 接受调查的单位和个人有下列行为之一的，由县级以上人民政府国土资源主管部门责令限期改正，可以处5万元以下的罚款；构成违反治安管理行为的，由公安机关依法给予治安管理处罚；构成犯罪的，依法追究刑事责任：

（一）拒绝或者阻挠土地调查人员依法进行调查的；

（二）提供虚假调查资料的；

（三）拒绝提供调查资料的；

（四）转移、隐匿、篡改、毁弃原始记录、土地登记簿等相关资料的。

第三十三条 县级以上地方人民政府有下列行为之一的，由上级人民政府予以通报批评；情节严重的，对直接负责的主管人员和其他直接责任人员依法给予处分：

（一）未按期完成土地调查工作，被责令限期完成，逾期仍未完成的；

（二）提供的土地调查数据失真，被责令限期改正，逾期仍未改正的。

第七章　附　　则

第三十四条　军用土地调查，由国务院国土资源主管部门会同军队有关部门按照国家统一规定和要求制定具体办法。

中央单位使用土地的调查数据汇总内容的确定和成果的应用管理，由国务院国土资源主管部门会同国务院管理机关事务工作的机构负责。

第三十五条　县级以上人民政府可以按照全国土地调查总体方案和地方土地调查实施方案成立土地调查领导小组，组织和领导土地调查工作。必要时，可以设立土地调查领导小组办公室负责土地调查日常工作。

第三十六条　本条例自公布之日起施行。

全国污染源普查条例

（2007年10月9日中华人民共和国国务院令第508号公布　根据2019年3月2日《国务院关于修改部分行政法规的决定》修订）

第一章　总　　则

第一条　为了科学、有效地组织实施全国污染源普查，保障污染源普查数据的准确性和及时性，根据《中华人民共和国统计法》和《中华人民共和国环境保护法》，制定本条例。

第二条 污染源普查的任务是，掌握各类污染源的数量、行业和地区分布情况，了解主要污染物的产生、排放和处理情况，建立健全重点污染源档案、污染源信息数据库和环境统计平台，为制定经济社会发展和环境保护政策、规划提供依据。

第三条 本条例所称污染源，是指因生产、生活和其他活动向环境排放污染物或者对环境产生不良影响的场所、设施、装置以及其他污染发生源。

第四条 污染源普查按照全国统一领导、部门分工协作、地方分级负责、各方共同参与的原则组织实施。

第五条 污染源普查所需经费，由中央和地方各级人民政府共同负担，并列入相应年度的财政预算，按时拨付，确保足额到位。

污染源普查经费应当统一管理，专款专用，严格控制支出。

第六条 全国污染源普查每10年进行1次，标准时点为普查年份的12月31日。

第七条 报刊、广播、电视和互联网等新闻媒体，应当及时开展污染源普查工作的宣传报道。

第二章 污染源普查的对象、范围、内容和方法

第八条 污染源普查的对象是中华人民共和国境内有污染源的单位和个体经营户。

第九条 污染源普查对象有义务接受污染源普查领导小组办公室、普查人员依法进行的调查，并如实反映情况，提供有关资料，按照要求填报污染源普查表。

污染源普查对象不得迟报、虚报、瞒报和拒报普查数据；不得推诿、拒绝和阻挠调查；不得转移、隐匿、篡改、毁弃原材料消耗记录、生产记录、污染物治理设施运行记录、污染物排放监

测记录以及其他与污染物产生和排放有关的原始资料。

第十条 污染源普查范围包括：工业污染源，农业污染源，生活污染源，集中式污染治理设施和其他产生、排放污染物的设施。

第十一条 工业污染源普查的主要内容包括：企业基本登记信息，原材料消耗情况，产品生产情况，产生污染的设施情况，各类污染物产生、治理、排放和综合利用情况，各类污染防治设施建设、运行情况等。

农业污染源普查的主要内容包括：农业生产规模，用水、排水情况，化肥、农药、饲料和饲料添加剂以及农用薄膜等农业投入品使用情况，秸秆等种植业剩余物处理情况以及养殖业污染物产生、治理情况等。

生活污染源普查的主要内容包括：从事第三产业的单位的基本情况和污染物的产生、排放、治理情况，机动车污染物排放情况，城镇生活能源结构和能源消费量，生活用水量、排水量以及污染物排放情况等。

集中式污染治理设施普查的主要内容包括：设施基本情况和运行状况，污染物的处理处置情况，渗滤液、污泥、焚烧残渣和废气的产生、处置以及利用情况等。

第十二条 每次污染源普查的具体范围和内容，由国务院批准的普查方案确定。

第十三条 污染源普查采用全面调查的方法，必要时可以采用抽样调查的方法。

污染源普查采用全国统一的标准和技术要求。

第三章 污染源普查的组织实施

第十四条 全国污染源普查领导小组负责领导和协调全国污

染源普查工作。

全国污染源普查领导小组办公室设在国务院生态环境主管部门，负责全国污染源普查日常工作。

第十五条 县级以上地方人民政府污染源普查领导小组，按照全国污染源普查领导小组的统一规定和要求，领导和协调本行政区域的污染源普查工作。

县级以上地方人民政府污染源普查领导小组办公室设在同级生态环境主管部门，负责本行政区域的污染源普查日常工作。

乡（镇）人民政府、街道办事处和村（居）民委员会应当广泛动员和组织社会力量积极参与并认真做好污染源普查工作。

第十六条 县级以上人民政府生态环境主管部门和其他有关部门，按照职责分工和污染源普查领导小组的统一要求，做好污染源普查相关工作。

第十七条 全国污染源普查方案由全国污染源普查领导小组办公室拟订，经全国污染源普查领导小组审核同意，报国务院批准。

全国污染源普查方案应当包括：普查的具体范围和内容、普查的主要污染物、普查方法、普查的组织实施以及经费预算等。

拟订全国污染源普查方案，应当充分听取有关部门和专家的意见。

第十八条 全国污染源普查领导小组办公室根据全国污染源普查方案拟订污染源普查表，报国家统计局审定。

省、自治区、直辖市人民政府污染源普查领导小组办公室，可以根据需要增设本行政区域污染源普查附表，报全国污染源普查领导小组办公室批准后使用。

第十九条 在普查启动阶段，污染源普查领导小组办公室应当进行单位清查。

县级以上人民政府机构编制、民政、市场监督管理以及其他具有设立审批、登记职能的部门，应当向同级污染源普查领导小组办公室提供其审批或者登记的单位资料，并协助做好单位清查工作。

污染源普查领导小组办公室应当以本行政区域现有的基本单位名录库为基础，按照全国污染源普查方案确定的污染源普查的具体范围，结合有关部门提供的单位资料，对污染源逐一核实清查，形成污染源普查单位名录。

第二十条 列入污染源普查范围的大、中型工业企业，应当明确相关机构负责本企业污染源普查表的填报工作，其他单位应当指定人员负责本单位污染源普查表的填报工作。

第二十一条 污染源普查领导小组办公室可以根据工作需要，聘用或者从有关单位借调人员从事污染源普查工作。

污染源普查领导小组办公室应当与聘用人员依法签订劳动合同，支付劳动报酬，并为其办理社会保险。借调人员的工资由原单位支付，其福利待遇保持不变。

第二十二条 普查人员应当坚持实事求是，恪守职业道德，具有执行普查任务所需要的专业知识。

污染源普查领导小组办公室应当对普查人员进行业务培训，对考核合格的颁发全国统一的普查员工作证。

第二十三条 普查人员依法独立行使调查、报告、监督和检查的职权，有权查阅普查对象的原材料消耗记录、生产记录、污染物治理设施运行记录、污染物排放监测记录以及其他与污染物产生和排放有关的原始资料，并有权要求普查对象改正其填报的污染源普查表中不真实、不完整的内容。

第二十四条 普查人员应当严格执行全国污染源普查方案，不得伪造、篡改普查资料，不得强令、授意普查对象提供虚假普查资料。

普查人员执行污染源调查任务，不得少于2人，并应当出示普查员工作证；未出示普查员工作证的，普查对象可以拒绝接受调查。

第二十五条 普查人员应当依法直接访问普查对象，指导普查对象填报污染源普查表。污染源普查表填写完成后，应当由普查对象签字或者盖章确认。普查对象应当对其签字或者盖章的普查资料的真实性负责。

污染源普查领导小组办公室对其登记、录入的普查资料与普查对象填报的普查资料的一致性负责，并对其加工、整理的普查资料的准确性负责。

污染源普查领导小组办公室在登记、录入、加工和整理普查资料过程中，对普查资料有疑义的，应当向普查对象核实，普查对象应当如实说明或者改正。

第二十六条 各地方、各部门、各单位的负责人不得擅自修改污染源普查领导小组办公室、普查人员依法取得的污染源普查资料；不得强令或者授意污染源普查领导小组办公室、普查人员伪造或者篡改普查资料；不得对拒绝、抵制伪造或者篡改普查资料的普查人员打击报复。

第四章 数据处理和质量控制

第二十七条 污染源普查领导小组办公室应当按照全国污染源普查方案和有关标准、技术要求进行数据处理，并按时上报普查数据。

第二十八条 污染源普查领导小组办公室应当做好污染源普查数据备份和数据入库工作，建立健全污染源信息数据库，并加强日常管理和维护更新。

第二十九条 污染源普查领导小组办公室应当按照全国污染源普查方案，建立污染源普查数据质量控制岗位责任制，并对普查中的每个环节进行质量控制和检查验收。

污染源普查数据不符合全国污染源普查方案或者有关标准、技术要求的，上一级污染源普查领导小组办公室可以要求下一级污染源普查领导小组办公室重新调查，确保普查数据的一致性、真实性和有效性。

第三十条 全国污染源普查领导小组办公室统一组织对污染源普查数据的质量核查。核查结果作为评估全国或者各省、自治区、直辖市污染源普查数据质量的重要依据。

污染源普查数据的质量达不到规定要求的，有关污染源普查领导小组办公室应当在全国污染源普查领导小组办公室规定的时间内重新进行污染源普查。

第五章 数据发布、资料管理和开发应用

第三十一条 全国污染源普查公报，根据全国污染源普查领导小组的决定发布。

地方污染源普查公报，经上一级污染源普查领导小组办公室核准发布。

第三十二条 普查对象提供的资料和污染源普查领导小组办公室加工、整理的资料属于国家秘密的，应当注明秘密的等级，并按照国家有关保密规定处理。

污染源普查领导小组办公室、普查人员对在污染源普查中知悉的普查对象的商业秘密，负有保密义务。

第三十三条 污染源普查领导小组办公室应当建立污染源普查资料档案管理制度。污染源普查资料档案的保管、调用和移交应当遵守国家有关档案管理规定。

第三十四条 国家建立污染源普查资料信息共享制度。

污染源普查领导小组办公室应当在污染源信息数据库的基础

上，建立污染源普查资料信息共享平台，促进普查成果的开发和应用。

第三十五条　污染源普查取得的单个普查对象的资料严格限定用于污染源普查目的，不得作为考核普查对象是否完成污染物总量削减计划的依据，不得作为依照其他法律、行政法规对普查对象实施行政处罚和征收排污费的依据。

第六章　表彰和处罚

第三十六条　对在污染源普查工作中做出突出贡献的集体和个人，应当给予表彰和奖励。

第三十七条　地方、部门、单位的负责人有下列行为之一的，依法给予处分，并由县级以上人民政府统计机构予以通报批评；构成犯罪的，依法追究刑事责任：

（一）擅自修改污染源普查资料的；

（二）强令、授意污染源普查领导小组办公室、普查人员伪造或者篡改普查资料的；

（三）对拒绝、抵制伪造或者篡改普查资料的普查人员打击报复的。

第三十八条　普查人员不执行普查方案，或者伪造、篡改普查资料，或者强令、授意普查对象提供虚假普查资料的，依法给予处分。

污染源普查领导小组办公室、普查人员泄露在普查中知悉的普查对象商业秘密的，对直接负责的主管人员和其他直接责任人员依法给予处分；对普查对象造成损害的，应当依法承担民事责任。

第三十九条　污染源普查对象有下列行为之一的，污染源普查领导小组办公室应当及时向同级人民政府统计机构通报有关情况，提出处理意见，由县级以上人民政府统计机构责令改正，予以通报批评；情节严重的，可以建议对直接负责的主管人员和其他直接责任人员依法给予处分：

（一）迟报、虚报、瞒报或者拒报污染源普查数据的；

（二）推诿、拒绝或者阻挠普查人员依法进行调查的；

（三）转移、隐匿、篡改、毁弃原材料消耗记录、生产记录、污染物治理设施运行记录、污染物排放监测记录以及其他与污染物产生和排放有关的原始资料的。

单位有本条第一款所列行为之一的，由县级以上人民政府统计机构予以警告，可以处5万元以下的罚款。

个体经营户有本条第一款所列行为之一的，由县级以上人民政府统计机构予以警告，可以处1万元以下的罚款。

第四十条 污染源普查领导小组办公室应当设立举报电话和信箱，接受社会各界对污染源普查工作的监督和对违法行为的检举，并对检举有功的人员依法给予奖励，对检举的违法行为，依法予以查处。

第七章 附 则

第四十一条 军队、武装警察部队的污染源普查工作，由中国人民解放军总后勤部按照国家统一规定和要求组织实施。

新疆生产建设兵团的污染源普查工作，由新疆生产建设兵团按照国家统一规定和要求组织实施。

第四十二条 本条例自公布之日起施行。

中华人民共和国海关统计条例

(2005年12月25日中华人民共和国国务院令第454号公布 根据2022年3月29日《国务院关于修改和废止部分行政法规的决定》修订)

第一条 为了科学、有效地开展海关统计工作，保障海关统计的准确性、及时性、完整性，根据《中华人民共和国海关法》和《中华人民共和国统计法》的有关规定，制定本条例。

第二条 海关统计是海关依法对进出口货物贸易的统计，是国民经济统计的组成部分。

海关统计的任务是对进出口货物贸易进行统计调查、统计分析和统计监督，进行进出口监测预警，编制、管理和公布海关统计资料，提供统计服务。

第三条 海关总署负责组织、管理全国海关统计工作。

海关统计机构、统计人员应当依照《中华人民共和国统计法》、《中华人民共和国统计法实施条例》及本条例的规定履行职责。

第四条 实际进出境并引起境内物质存量增加或者减少的货物，列入海关统计。

进出境物品超过自用、合理数量的，列入海关统计。

第五条 下列进出口货物不列入海关统计：

（一）过境、转运和通运货物；

（二）暂时进出口货物；

（三）货币及货币用黄金；

（四）租赁期1年以下的租赁进出口货物；

（五）因残损、短少、品质不良或者规格不符而免费补偿或者更换的进出口货物；

（六）海关总署规定的不列入海关统计的其他货物。

第六条 进出口货物的统计项目包括：

（一）品名及编码；

（二）数量、价格；

（三）进出口货物收发货人；

（四）贸易方式；

（五）运输方式；

（六）进口货物的原产国（地区）、启运国（地区）、境内目的地；

（七）出口货物的最终目的国（地区）、运抵国（地区）、境内货源地；

（八）进出口日期；

（九）关别；

（十）海关总署规定的其他统计项目。

根据国民经济发展和海关监管需要，海关总署可以对统计项目进行调整。

第七条 进出口货物的品名及编码，按照《中华人民共和国海关统计商品目录》归类统计。

进出口货物的数量，按照《中华人民共和国海关统计商品目录》规定的计量单位统计。

《中华人民共和国海关统计商品目录》由海关总署公布。

第八条 进口货物的价格，按照货价、货物运抵中华人民共和国境内输入地点起卸前的运输及其相关费用、保险费之和统计。

出口货物的价格，按照货价、货物运抵中华人民共和国境内输出地点装卸前的运输及其相关费用、保险费之和统计，其中包含的出口关税税额，应当予以扣除。

第九条 进口货物，应当分别统计其原产国（地区）、启运国（地区）和境内目的地。

出口货物，应当分别统计其最终目的国（地区）、运抵国（地区）和境内货源地。

第十条 进出口货物收发货人，按照从事进出口经营活动的法人、其他组织或者个人统计。

第十一条 进出口货物的贸易方式，按照海关监管要求分类统计。

第十二条 进出口货物的运输方式，按照货物进出境时的运输方式统计，包括水路运输、铁路运输、公路运输、航空运输及其他运输方式。

第十三条 进口货物的日期，按照海关放行的日期统计；出口货物的日期，按照办结海关手续的日期统计。

第十四条 进出口货物由接受申报的海关负责统计。

第十五条 海关统计资料包括海关统计原始资料以及以原始资料为基础采集、整理的相关统计信息。

前款所称海关统计原始资料，是指经海关确认的进出口货物报关单及其他有关单证。

第十六条 海关总署应当定期、无偿地向国务院有关部门提供有关综合统计资料。

直属海关应当定期、无偿地向所在地省、自治区、直辖市人民政府有关部门提供有关综合统计资料。

第十七条 海关应当建立统计资料定期公布制度，向社会公布海关统计信息。

海关可以根据社会公众的需要，提供统计服务。

第十八条 海关统计人员对在统计过程中知悉的国家秘密、商业秘密负有保密义务。

第十九条 当事人有权在保存期限内查询自己申报的海关统计原始资料及相关信息,对查询结果有疑问的,可以向海关申请核实,海关应当予以核实,并解答有关问题。

第二十条 海关对当事人依法应当申报的项目有疑问的,可以向当事人提出查询,当事人应当及时作出答复。

第二十一条 依法应当申报的项目未申报或者申报不实影响海关统计准确性的,海关应当责令当事人予以更正,需要予以行政处罚的,依照《中华人民共和国海关行政处罚实施条例》的规定予以处罚。

第二十二条 本条例自2006年3月1日起施行。

外债统计监测暂行规定

(1987年6月17日国务院批准 1987年8月27日国家外汇管理局发布 根据2020年11月29日《国务院关于修改和废止部分行政法规的决定》修订)

第一条 为了准确、及时、全面地集中全国的外债信息,有效地控制对外借款规模,提高利用国外资金的效益,促进国民经济的发展,特制定本规定。

第二条 国家对外债实行登记管理制度。

国家外汇管理局负责建立和健全全国外债统计监测系统,对外公布外债数字。

第三条 本规定所称的外债是指中国境内的机关、团体、企业、事业单位、金融机构或者其他机构(以下统称借款单位)对中国境外的国际金融组织、外国政府、金融机构、企业或者其他机构用外国货币承担的具有契约性偿还义务的全部债务，包括：

（一）国际金融组织贷款；

（二）外国政府贷款；

（三）外国银行和金融机构贷款；

（四）买方信贷；

（五）外国企业贷款；

（六）发行外币债券；

（七）国际金融租赁；

（八）延期付款；

（九）补偿贸易中直接以现汇偿还的债务；

（十）其他形式的对外债务。

借款单位向在中国境内注册的外资银行借入的外汇资金视同外债。

在中国境内注册的外资银行向外借入的外汇资金不视为外债。

第四条 外债登记分为逐笔登记和定期登记。

国家外汇管理局统一制定和签发《外债登记证》。

第五条 外商投资企业的对外借款，借款单位应当在正式签订借款合同后15天内，持借款合同副本向所在地外汇管理局办理登记手续并领取逐笔登记的《外债登记证》。

国际金融组织贷款、外国政府贷款、中国银行或者经批准的其他银行和金融机构的对外借款，借款单位应当向所在地外汇管理局办理登记手续，领取定期登记的《外债登记证》。上述登记，不包括转贷款。

除上述两款规定以外的其他借款单位应当在正式签订借款合同后15天内，持对外借款批件和借款合同副本向所在地外汇管理局办理登记手续并领取逐笔登记的《外债登记证》。

第六条 借款单位调入国外借款时，凭《外债登记证》在中国银行或者经国家外汇管理局批准的其他银行（以下简称银行）

开立外债专用现汇账户。经批准将借款存放境外的借款单位以及其他非调入形式的外债的借款单位，凭《外债登记证》在银行开立还本付息外债专用现汇账户。

对于未按规定领取《外债登记证》的借款单位，银行不得为其开立外债专用现汇账户或者还本付息外债专用现汇账户，其本息不准汇出境外。

第七条 实行逐笔登记的借款单位还本付息时，开户银行应当凭借款单位提供的外汇管理局的核准证件和《外债登记证》，通过外债专用现汇账户或者还本付息外债专用现汇账户办理收付。借款单位应当按照银行的收付凭证，将收付款项记入《外债变动反馈表》并将该表的副本报送签发《外债登记证》的外汇管理局。

实行定期登记的借款单位，应当按月向发证的外汇管理局报送其外债的签约、提款、使用和还本付息等情况。

经批准将借款存放境外的借款单位，应当定期向原批准的外汇管理局报送其存款的变动情况。

第八条 借款单位全部偿清《外债登记证》所载明的外债后，银行应即注销其外债专用现汇账户或者还本付息外债专用现汇账户，借款单位应当在15天内向发证的外汇管理局缴销《外债登记证》。

第九条 凡违反本规定有下列行为之一的，所在地外汇管理局可根据情节处以最高不超过所涉及外债金额3%的罚款：

（一）故意不办理或者拖延办理外债登记手续的；

（二）拒绝向外汇管理局报送或者隐瞒、虚报《外债变动反馈表》，或者并无特殊原因屡次迟报的；

（三）伪造、涂改《外债登记证》的；

（四）擅自开立、保留外债专用现汇账户或者还本付息外债专用现汇账户的。

当事人对外汇管理局的处罚决定不服的，可以向上一级外汇管理局提出申诉。

第十条 本规定由国家外汇管理局负责解释。

第十一条 本规定自发布之日起施行。

本规定发布时，已借外债尚未清偿完毕的借款单位，应当在本规定发布后 30 天内向所在地外汇管理局办理外债登记手续。

国际收支统计申报办法

（1995 年 8 月 30 日国务院批准 1995 年 9 月 14 日中国人民银行发布 根据 2013 年 11 月 9 日《国务院关于修改〈国际收支统计申报办法〉的决定》修订）

第一条 为完善国际收支统计，根据《中华人民共和国统计法》，制定本办法。

第二条 国际收支统计申报范围为中国居民与非中国居民之间发生的一切经济交易以及中国居民对外金融资产、负债状况。

第三条 本办法所称中国居民，是指：

（一）在中国境内居留 1 年以上的自然人，外国及香港、澳门、台湾地区在境内的留学生、就医人员、外国驻华使馆领馆外籍工作人员及其家属除外；

（二）中国短期出国人员（在境外居留时间不满 1 年）、在境外留学人员、就医人员及中国驻外使馆领馆工作人员及其家属；

（三）在中国境内依法成立的企业事业法人（含外商投资企业及外资金融机构）及境外法人的驻华机构（不含国际组织驻华机构、外国驻华使馆领馆）；

（四）中国国家机关（含中国驻外使馆领馆）、团体、部队。

第四条 本办法适用于中国境内所有地区，包括在中国境内设立的保税区和保税仓库等。

第五条 国家外汇管理局按照《中华人民共和国统计法》规定的程序，负责组织实施国际收支统计申报，并进行监督、检查；统计、汇总并公布国际收支状况和国际投资状况；制定、修改本办法的实施细则；制发国际收支统计申报单及报表。政府有关部门应当协助国际收支统计申报工作。

第六条 国际收支统计申报实行交易主体申报的原则，采取间接申报与直接申报、逐笔申报与定期申报相结合的办法。

第七条 中国居民和在中国境内发生经济交易的非中国居民应当按照规定及时、准确、完整地申报国际收支信息。

第八条 中国居民通过境内金融机构与非中国居民进行交易的，应当通过该金融机构向国家外汇管理局或其分支局申报交易内容。

第九条 中国境内提供登记结算、托管等服务的机构和自营或者代理客户进行对外证券、期货、期权等交易的交易商，应当向国家外汇管理局或其分支局申报对外交易及相应的收支和分红派息情况。

第十条 中国境内各类金融机构应当直接向国家外汇管理局或其分支局申报其自营对外业务情况，包括其对外金融资产、负债及其变动情况，相应的利润、利息收支情况，以及对外金融服务收支和其他收支情况；并履行与中国居民和非中国居民通过其进行国际收支统计申报活动有关的义务。

第十一条 在中国境外开立账户的中国非金融机构，应当直接向国家外汇管理局或其分支局申报其通过境外账户与非中国居民发生的交易及账户余额。

第十二条 中国境内的外商投资企业、在境外有直接投资的企业及其他有对外金融资产、负债的非金融机构，必须直接向国家外汇管理局或其分支局申报其对外金融资产、负债及其变动情况和相应的利润、股息、利息收支情况。

第十三条 拥有对外金融资产、负债的中国居民个人，应当按照国家外汇管理局的规定申报其对外金融资产、负债的有关情况。

第十四条 国家外汇管理局或其分支局可以就国际收支情况进行抽样调查或者普查。

第十五条 国家外汇管理局或其分支局有权对中国居民和非中国居民申报的内容进行检查、核对，申报人及有关机构和个人应当提供检查、核对所需的资料和便利。

第十六条 国家外汇管理局及其分支局应当对申报者申报的具体数据严格保密，只将其用于国际收支统计。除法律另有规定外，国际收支统计人员不得以任何形式向任何机构和个人提供申报者申报的具体数据。

银行、交易商以及提供登记结算、托管等服务的机构应当对其在办理业务过程中知悉的申报者申报的具体数据严格保密。

第十七条 中国居民、非中国居民未按照规定进行国际收支统计申报的，由国家外汇管理局或其分支局依照《中华人民共和国外汇管理条例》第四十八条的规定给予处罚。

第十八条 国际收支统计人员违反本办法第十六条规定的，依法给予处分。

国家外汇管理局或其分支局，银行、交易商以及提供登记结算、托管等服务的机构违反本办法第十六条规定的，依法追究法律责任。

第十九条 国家外汇管理局根据本办法制定《国际收支统计申报办法实施细则》。

第二十条 本办法自1996年1月1日起施行。

防范和惩治统计造假、弄虚作假督察工作规定

(2018年9月16日①)

第一条 为了构建防范和惩治统计造假、弄虚作假督察机制，推动各地区各部门严格执行统计法律法规，确保统计数据真实准确，根据《关于深化统计管理体制改革提高统计数据真实性的意见》、《统计违纪违法责任人处分处理建议办法》等有关规定和《中华人民共和国统计法》、《中华人民共和国统计法实施条例》等法律法规，制定本规定。

第二条 统计督察必须坚持以习近平新时代中国特色社会主义思想为指导，全面贯彻党的十九大和十九届二中、三中全会精神，牢固树立政治意识、大局意识、核心意识、看齐意识，坚持和加强党的全面领导，坚持稳中求进工作总基调，坚持新发展理念，紧扣我国社会主要矛盾变化，按照高质量发展的要求，围绕统筹推进"五位一体"总体布局和协调推进"四个全面"战略布局，聚焦统计法定职责履行、统计违纪违法现象治理、统计数据质量提升，注重实效、突出重点、发现问题、严明纪律，维护统计法律法规权威，推动统计改革发展，为经济社会发展做好统计制度保障。

第三条 根据党中央、国务院授权，国家统计局组织开展统计督察，监督检查各地区各部门贯彻执行党中央、国务院关于统计工作的决策部署和要求、统计法律法规、国家统计政令等情况。

---

① 该日期为新华社发布日期。

第四条 国家统计局负责统筹、指导、协调、监督统计督察工作，主要职责是制定年度督察计划，批准督察事项，审定督察报告，研究解决督察中存在的重大问题。国家统计局统计执法监督局承担统计督察日常工作。

国家统计局通过组建统计督察组开展统计督察工作，统计督察组设组长、副组长，实行组长负责制，副组长协助组长开展工作。

第五条 统计督察对象是与统计工作相关的各地区、各有关部门。重点是各省、自治区、直辖市党委和政府主要负责同志和与统计工作相关的领导班子成员，必要时可以延伸至市级党委和政府主要负责同志和与统计工作相关的领导班子成员；国务院有关部门主要负责同志和与统计工作相关的领导班子成员；省级统计机构和省级政府有关部门领导班子成员。

第六条 对省级党委和政府、国务院有关部门开展统计督察的内容包括：

（一）贯彻落实党中央、国务院关于统计改革发展各项决策部署，加强对统计工作组织领导，指导重大国情国力调查，推动统计改革发展，研究解决统计建设重大问题等情况；

（二）履行统计法定职责，遵守执行统计法律法规，严守领导干部统计法律底线，依法设立统计机构，维护统计机构和人员依法行使统计职权，保障统计工作条件，支持统计活动依法开展等情况；

（三）建立防范和惩治统计造假、弄虚作假责任制，问责统计违纪违法行为，建立统计违纪违法案件移送机制，追究统计违纪违法责任人责任，发挥统计典型违纪违法案件警示教育作用等情况；

（四）应当督察的其他情况。

对市级及以下党委和政府、地方政府有关部门，可以参照上述规定开展统计督察。

第七条　对各级统计机构、国务院有关部门行使统计职能的内设机构开展统计督察的内容包括：

（一）贯彻落实党中央、国务院关于统计改革发展各项决策部署，完成国家统计调查任务，执行国家统计标准和统计调查制度，组织实施重大国情国力调查等情况；

（二）履行统计法定职责，遵守执行统计法律法规，严守统计机构、统计人员法律底线，依法独立行使统计职权，依法组织开展统计工作，依法实施和监管统计调查，依法报请审批或者备案统计调查项目及其统计调查制度，落实统计普法责任制等情况；

（三）执行国家统计规则，遵守国家统计政令，遵守统计职业道德，执行统计部门规章和规范性文件，落实各项统计工作部署，组织实施统计改革，加强统计基层基础建设，参与构建新时代现代化统计调查体系，建立统计数据质量控制体系等情况；

（四）落实防范和惩治统计造假、弄虚作假责任制，监督检查统计工作，开展统计执法检查，依法查处统计违法行为，依照有关规定移送统计违纪违法责任人处分处理建议或者违纪违法问题线索，落实统计领域诚信建设制度等情况；

（五）应当督察的其他情况。

对国务院有关部门行使统计职能的内设机构开展统计督察的内容还包括：依法提供统计资料、行政记录，建立统计信息共享机制，贯彻落实统计信息共享要求等情况。

对地方政府有关部门行使统计职能的内设机构，可以参照上述规定开展统计督察。

第八条　统计督察主要采取以下方式进行：

（一）召开有关统计工作座谈会，听取被督察地区、部门遵守执行统计法律法规、履行统计法定职责等情况汇报；

（二）与被督察地区、部门有关领导干部和统计人员进行个别谈话，向知情人员询问有关情况；

（三）设立统计违纪违法举报渠道，受理反映被督察地区、部门以及有关领导干部统计违纪违法行为问题的来信、来电、来访等；

（四）调阅、复制有关统计资料和与统计工作有关的文件、会议记录等材料，进入被督察地区、部门统计机构统计数据处理信息系统进行比对、查询；

（五）进行遵守执行统计法律法规等情况的问卷调查，开展统计执法"双随机"抽查，赴被督察地区、部门进行实地调查了解；

（六）经国家统计局批准的其他方式。

第九条 统计督察工作一般按照以下程序进行：

（一）制定方案。国家统计局根据具体任务组建统计督察组，确定统计督察组组长、副组长、成员，明确督察组及其成员职责。统计督察组根据其职责制定实施方案，明确督察目的、对象、内容、方式、期限等。

（二）实地督察。统计督察组赴有关地区、部门督察前应当先收集了解督察对象有关统计工作的基本情况，并向被督察地区、部门送达统计督察通知书。统计督察组到达后应当向被督察地区、部门通报督察内容，严格按照督察实施方案开展督察。

（三）报告情况。统计督察组实地督察结束后应当在规定时间内形成书面督察报告以及督察意见书，经与督察对象沟通后，向国家统计局报告督察基本情况，反映发现的统计违纪违法问题，提出处理建议。

第十条 国家统计局应当及时听取统计督察组的督察情况汇报，研究提出处理意见。对涉及有关国家工作人员涉嫌统计违纪违法、应当依纪依法给予处分处理的,按照有关规定办理。

第十一条 国家统计局应当及时向被督察地区、部门反馈相关督察情况,指出有关统计工作问题,有针对性地提出整改意见,将督察意见书提供给被督察地区、部门,并将督察报告以及督察意见书移交中央纪委国家监委、中央组织部。其中,对各省、自治区、直辖市党委和政府以及国务院有关部门的督察意见应当报经党中央、国务院同意后再反馈。统计督察情况应当以适当方式向社会公开。

第十二条 被督察地区、部门收到统计督察组反馈意见后,应当对存在的问题认真整改落实,并在3个月内将整改情况反馈国家统计局。国家统计局应当以适当方式监督整改落实情况。

第十三条 督察中发现统计违纪违法问题和线索的,按照《统计违纪违法责任人处分处理建议办法》有关规定办理。

第十四条 国家统计局每年年初应当向党中央、国务院报告上年度统计督察情况。

第十五条 被督察地区、部门应当支持配合统计督察工作。被督察地区、部门领导班子成员应当自觉接受统计督察监督,积极配合统计督察组开展工作。督察涉及的相关人员有义务向统计督察组如实反映情况。

第十六条 被督察地区、部门及其工作人员违反规定不支持配合甚至拒绝、阻碍和干扰统计督察工作的,应当视为包庇、纵容统计违纪违法行为,依照有关规定严肃处理。

第十七条 统计督察组应当坚持实事求是,深入调查研究,全面准确了解情况,客观公正反映问题。

统计督察工作人员应当严格遵守政治纪律、组织纪律、廉洁纪律、工作纪律等有关纪律要求,有下列情形之一的,视情节轻重,给予批评教育、组织处理或者党纪政务处分;涉嫌犯罪的,移送有关机关依法处理:

（一）对统计造假、弄虚作假问题瞒案不报、有案不查、查案不力，不如实报告统计督察情况，甚至隐瞒、歪曲、捏造事实的；

（二）泄露统计督察工作中知悉的国家秘密、商业秘密、个人信息及其工作秘密的；

（三）统计督察工作中超越权限造成不良后果的；

（四）违反中央八项规定精神，或者利用统计督察工作便利，谋取私利或者为他人谋取不正当利益的；

（五）有其他违反统计督察纪律行为的。

第十八条 国家统计局根据本规定制定具体实施办法。

第十九条 本规定由国家统计局负责解释。

第二十条 本规定自 2018 年 8 月 24 日起施行。

矿产资源统计管理办法

（2004年1月9日国土资源部令第23号公布 根据2020年4月30日《自然资源部关于第三批废止和修改的部门规章的决定》修订）

第一章 总 则

第一条 为加强矿产资源统计管理，维护国家对矿产资源的所有权，根据《中华人民共和国矿产资源法》《中华人民共和国统计法》及有关行政法规，制定本办法。

第二条 在中华人民共和国领域及管辖的其他海域从事矿产资源勘查、开采或者工程建设压覆重要矿产资源的，应当依照本办法的规定进行矿产资源统计。

第三条 本办法所称矿产资源统计，是指县级以上人民政府自然资源主管部门对矿产资源储量变化及开发利用情况进行统计的活动。

第四条 自然资源部负责全国矿产资源统计的管理工作。

县级以上地方人民政府自然资源主管部门负责本行政区域内矿产资源统计的管理工作，但石油、天然气、页岩气、天然气水合物、放射性矿产除外。

第二章 矿产资源统计

第五条 矿产资源统计调查计划，由自然资源部负责制定，报国务院统计行政主管部门批准后实施。

全国矿产资源统计信息，由自然资源部定期向社会发布。

第六条 矿产资源统计，应当使用由自然资源部统一制订并经国务院统计行政主管部门批准的矿产资源统计基础表及其填报说明。

矿产资源统计基础表，包括采矿权人和矿山（油气田）基本情况、生产能力和实际产量、采选技术指标、矿产组分和质量指标、矿产资源储量变化情况、共伴生矿产综合利用情况等内容。

未列入矿产资源统计基础表的查明矿产资源、压覆矿产资源储量、残留矿产资源储量及其变化情况等的统计另行规定。

第七条 开采矿产资源，以年度为统计周期，以采矿许可证划定的矿区范围为基本统计单元。但油气矿产以油田、气田为基本统计单元。

第八条 采矿权人应当于每年1月底前，完成矿产资源统计基础表的填报工作，并将矿产资源统计基础表一式三份，报送矿区所在地的县级自然资源主管部门。统计单元跨行政区域的，报共同的上级自然资源主管部门指定的县级自然资源主管部门。

开采石油、天然气、页岩气、天然气水合物和放射性矿产的，采矿权人应当于每年3月底前完成矿产资源统计基础表的填报工作,并将矿产资源统计基础表一式二份报送自然资源部。

第九条 上级自然资源主管部门负责对下一级自然资源主管部门上报的统计资料和采矿权人直接报送的矿产资源统计基础表进行审查、现场抽查和汇总分析。

省级自然资源主管部门应当于每年3月底前将审查确定的统计资料上报自然资源部。

第十条 县级自然资源主管部门履行下列统计职责:

(一)本行政区域内采矿权人的矿产资源统计基础表的组织填报、数据审查、录入、现场抽查;

(二)本行政区域内采矿权人矿产资源储量变化情况的统计;

(三)本行政区域内采矿权人的开发利用情况的统计;

(四)向上一级自然资源主管部门报送本条第(二)项、第(三)项统计资料。

第十一条 填报矿产资源统计基础表,应当如实、准确、全面、及时,并符合统计核查、检测和计算等方面的规定,不得虚报、瞒报、迟报、拒报。

第三章 统计资料管理

第十二条 自然资源主管部门应当建立矿产资源统计资料档案管理制度,加强对本行政区域内矿产资源统计资料、统计台账及数据库的管理。

上报矿产资源统计资料应当附具统一要求的电子文本。

全国矿产资源统计数据库由自然资源部统一制定。

探矿权人、采矿权人和建设单位应当建立矿产资源统计资料档案管理制度,妥善保管本单位的矿产资源统计资料、统计台账及其他相关资料,并接受县级以上人民政府自然资源主管部门的监督检查。

第十三条 自然资源主管部门审查和现场抽查矿产资源统计资料时，探矿权人、采矿权人和建设单位应当予以配合，并如实提供相关数据资料。

第十四条 探矿权人、采矿权人或者建设单位要求保密的矿产资源统计资料，自然资源主管部门应当依法予以保密。

县级以上人民政府自然资源主管部门发布本行政区矿产资源统计信息，提供有关信息服务时，应当遵守国家保密法律、法规的规定。

第十五条 县级以上人民政府自然资源主管部门应当确定具有相应专业知识的人员具体承担统计工作，定期对统计工作人员进行考评；对成绩显著、贡献突出的，应当给予表彰和奖励。

第四章　法律责任

第十六条 采矿权人不依照本办法规定填报矿产资源统计基础表，虚报、瞒报、拒报、迟报矿产资源统计资料，拒绝接受检查、现场抽查或者弄虚作假的，依照《矿产资源开采登记管理办法》第十八条、《中华人民共和国统计法》及其实施细则的有关规定进行处罚。

第十七条 自然资源主管部门工作人员在矿产资源统计工作中玩忽职守、滥用职权、徇私舞弊的，依法给予处分；构成犯罪的，依法追究刑事责任。

第五章　附　　则

第十八条 本办法自2004年3月1日起施行。1995年1月3日原地质矿产部发布的《矿产储量登记统计管理暂行办法》同时废止。

交通运输统计管理规定

(2018年7月23日交通运输部令2018年第20号公布 自2018年10月1日起施行)

第一章 总 则

第一条 为加强交通运输统计管理，规范交通运输统计活动，按照党中央、国务院关于完善统计体制、提高统计数据质量的有关要求，根据《中华人民共和国统计法》《中华人民共和国统计法实施条例》，制定本规定。

第二条 交通运输主管部门在中华人民共和国境内开展交通运输统计活动，应当遵守本规定。

交通运输统计活动包括：铁路、公路、水路、民航、邮政及城市客运领域和综合交通运输统计活动。

第三条 交通运输部负责综合交通运输和公路、水路及城市客运领域统计活动的组织实施。

国家铁路局、中国民用航空局、国家邮政局按照各自职责分别负责铁路、民航、邮政领域统计活动的组织实施。

交通运输部统计工作部门负责综合交通运输和公路、水路及城市客运领域统计归口管理工作。交通运输部其他各职能部门按照各自职责负责公路、水路及城市客运领域相关统计工作。

地方各级人民政府交通运输主管部门负责本行政区域内的公路、水路及城市客运领域统计活动的组织实施，按照职责和规定开展综合交通运输统计工作。

第四条 交通运输统计机构和统计人员依法独立行使交通运输统计调查、统计报告、统计监督等职权，不受侵犯。

第五条 交通运输统计调查对象，应当依法真实、准确、完整、及时提供统计资料，不得提供不真实或者不完整的统计资料，不得迟报、拒报统计资料。

前款所称交通运输统计调查对象是指在中华人民共和国境内从事交通运输活动的行政机关、企业事业单位、其他组织、个体工商户和个人等。

第六条 各级人民政府交通运输主管部门主要负责人对本级交通运输统计数据质量负主要领导责任，分管负责人负直接领导责任。

交通运输统计机构负责人对下一级报送的统计数据质量负监管责任，对本机构生产的统计数据质量负直接责任。

交通运输统计机构工作人员对职责范围内生产的统计数据质量负直接责任，对下一级报送的统计数据质量负监管责任。

前款所称统计数据质量是指统计资料的真实性、准确性、完整性和及时性。

第二章 统计机构和统计人员职责

第七条 各级人民政府交通运输主管部门应当加强对统计工作的组织领导，加强统计机构及队伍建设，根据工作需要配备专职或者兼职统计人员，确保统计人员按照要求参加业务培训，为统计工作顺利开展提供必要条件。日常统计和专项工作经费在部门预算中予以保障。鼓励通过政府购买服务的方式开展统计调查和分析监测工作。

第八条 交通运输部统计工作部门履行下列职责：

（一）组织起草综合交通运输和公路、水路及城市客运领域统计工作管理制度并组织实施，开展统计监督和检查；

（二）组织开展综合交通运输和公路、水路及城市客运领域普查及专项调查工作，参与国家有关统计调查工作；

（三）拟定综合交通运输统计调查项目，归口管理公路、水路及城市客运领域统计调查项目，组织起草相应统计调查制度并组织实施；

（四）组织开展综合交通运输运行监测分析工作，参与国家经济运行分析相关工作；

（五）负责综合交通运输统计资料汇总、管理、公布等工作，归口管理公路、水路及城市客运领域统计资料及公布工作；

（六）组织开展综合交通运输和公路、水路及城市客运领域统计科学研究、信息化建设，归口管理统计指标体系、统计标准和统计数据库资源；

（七）组织开展统计考核和培训。

第九条 交通运输部其他各职能部门，按照职责分工履行下列职责：

（一）拟定公路、水路及城市客运领域统计调查项目和统计调查制度并组织实施，及时向交通运输部统计工作部门报送有关统计资料；

（二）配合交通运输部统计工作部门开展公路、水路及城市客运领域普查及专项调查工作；

（三）承担公路、水路及城市客运领域统计资料的管理和运行监测分析等工作，参与综合交通运输运行监测分析工作，按照规定公布有关统计信息；

（四）开展有关统计监督检查和培训工作。

第十条 地方各级人民政府交通运输主管部门统计工作部门按照规定履行下列职责：

（一）贯彻执行综合交通运输和公路、水路及城市客运领域统计的法律、法规及工作规范，起草本行政区域内的统计工作制度并组织实施；

(二) 组织开展本行政区域内的专项调查工作，拟定统计调查项目、起草相应统计调查制度并组织实施，依法完成统计调查任务；

(三) 负责本行政区域内统计资料的搜集、审核、汇总、报送、公布等工作；

(四) 开展交通运输运行监测分析和统计信息化建设，组织统计检查、考核和培训。

第十一条 交通运输统计人员应当具备完成交通运输统计工作所需要的专业知识，并按照规定参加统计业务培训。

第十二条 交通运输统计机构和统计人员应当依法履行职责，如实搜集、报送统计资料，不得伪造、篡改统计资料，不得以任何方式要求任何单位和个人提供不真实的统计资料。对在统计工作中知悉的国家秘密、商业秘密和个人信息应当予以保密。

统计人员进行统计调查时，有权就与统计有关的问题询问有关人员，要求其如实提供有关情况、资料和改正不真实、不准确的资料。

第三章　统计调查项目

第十三条 交通运输统计调查项目应当依法审批或者备案。

任何单位不得擅自实施未经审批或者备案的交通运输统计调查项目，不得擅自以开展统计调查的名义搜集统计资料。未经审批备案的统计调查项目，统计调查对象有权拒绝提供统计资料。

第十四条 综合交通运输统计调查主要内容，包括涉及货物多式联运、旅客联程运输的基础设施和运输生产等方面状况。

公路、水路及城市客运领域统计调查主要内容，包括基础设施、运输装备、运输生产与服务、环保与安全、市场价格、企业效益、科技和人力资源、固定资产投资（不含城市客运）等方面状况。

第十五条 综合交通运输统计调查项目涉及铁路、民航、邮政领域的，由交通运输部统计工作部门会同国家铁路局、中国民用航空局、国家邮政局统计工作部门共同拟定，由交通运输部报国家统计局审批或者备案。

公路、水路及城市客运领域统计调查项目由交通运输部统计工作部门拟定，或者由其他各职能部门商统计工作部门同意后拟定，由交通运输部报国家统计局审批或者备案。

地方各级人民政府交通运输主管部门按照职责和规定，根据工作需要拟定统计调查项目，报同级人民政府统计机构审批，并报上一级人民政府交通运输主管部门备案。

以上统计调查项目，调查对象属于本部门管辖系统的，应当依法办理备案；调查对象超出本部门管辖系统的，应当依法办理审批。

第十六条 设立交通运输统计调查项目应当必要、可行，其内容和统计范围应当符合项目拟定单位的职责分工。

新设立的统计调查项目不得与正在执行的统计调查项目重复。

第十七条 交通运输统计调查项目履行审批或者备案手续时，应当同时报送该项目的统计调查制度、制修订说明、经费保障等材料。统计调查制度应当对调查目的、调查内容、调查方法、调查对象、调查组织方式、调查表式、统计资料的报送和公布等作出规定。

第十八条 交通运输统计调查表应当在报表的右上角标明表号、制定机关、批准机关或者备案机关、批准文号或者备案文号、有效期限等标志。

第十九条 超过有效期限的交通运输统计调查项目自动废止，统计调查对象有权拒绝填报。如需继续执行，在有效期截止日期前重新办理审批或者备案手续。

第四章 统计调查实施

第二十条 交通运输统计调查由项目拟定单位负责组织实施。

第二十一条 交通运输统计调查应当严格按照批准的统计调查制度组织实施，不得擅自变更或者调整。变更或者调整统计调查制度，统计调查项目拟定单位应当重新履行审批或者备案程序。

第二十二条 交通运输统计调查应当以周期性专项调查为基础，以经常性抽样调查为主体，综合运用全面调查、重点调查等方法，并充分利用行政记录等资料。

第二十三条 公路、水路及城市客运领域统计调查资料实行逐级报送或者直接报送。

前款所称逐级报送由统计调查对象按照统计调查制度要求，向所在地人民政府交通运输主管部门报送统计资料，所在地人民政府交通运输主管部门审核、汇总后，逐级上报至省级人民政府交通运输主管部门；省级人民政府交通运输主管部门审核、汇总后，报送交通运输部统计工作部门或者其他各职能部门。地方各级交通运输主管部门报送上级交通运输主管部门的统计资料，抄送同级人民政府统计机构。

前款所称直接报送由统计调查对象按照统计调查制度要求，向交通运输部统计工作部门或者其他各职能部门报送统计资料。

交通运输部海事局、救捞局、长江航务管理局根据职责及管理体制，结合工作需要确定统计调查资料的报送方式。

第二十四条 各级人民政府交通运输主管部门应当建立健全交通运输统计数据质量评估和核查制度，并组织开展评估和核查工作。

第二十五条 交通运输部应当建立信息完整、统一、准确的公路、水路及城市客运领域统计调查单位名录库，实施维护、更新。统计调查对象应当取自名录库。

地方各级人民政府交通运输主管部门应当建立本行政区域内的公路、水路及城市客运领域统计调查单位名录库,并与交通运输部建立的公路、水路及城市客运领域统计调查单位名录库衔接。

第二十六条 综合交通运输统计调查和公路、水路及城市客运领域统计调查使用国家统计标准和交通运输统计标准,保证统计调查指标涵义、计算方法、分类目录、调查表式和统计编码等标准化和规范化。

交通运输部统计工作部门会同国家铁路局、中国民用航空局、国家邮政局统计工作部门拟定综合交通运输统计标准,会同交通运输部其他各职能部门拟定公路、水路及城市客运领域统计标准,报国家统计局审批后实施。

第二十七条 各级人民政府交通运输主管部门应当加强统计科学研究和统计信息化建设,提高统计调查的科学性和智能化水平。

第五章 统计分析与监测

第二十八条 各级人民政府交通运输主管部门、企业事业单位、其他组织的统计机构和统计人员应当加强统计分析与监测,促进统计成果及时转化。

第二十九条 交通运输运行分析应当研判交通运输行业发展特点与趋势,把握阶段性特征,揭示交通运输与国民经济、关联产业的相关关系,并提出措施建议。

第三十条 交通运输部会同国家铁路局、中国民用航空局、国家邮政局开展综合交通运输运行分析工作,实行统一组织、分工协作、定期会商的工作机制。

国家铁路局、中国民用航空局、国家邮政局统计工作部门和交通运输部其他各职能部门按照任务分工与要求,定期向交通运输部统计工作部门提供有关资料。

第三十一条　地方各级人民政府交通运输主管部门应当建立健全与管理职责相适应的统计分析与监测工作制度，开展运行分析工作。

第六章　统计资料的管理和公布

第三十二条　交通运输统计调查项目获取的统计资料由统计调查实施单位负责具体管理。统计调查中取得的统计调查对象的原始统计资料，应当至少保存2年。汇总性统计资料应当至少保存10年，重要汇总性统计资料应当永久保存。

前款所称交通运输统计资料是指在统计工作中取得的反映交通运输行业发展状况的数据、文字、图表等纸质、电子数据资料的总称。

第三十三条　交通运输统计调查对象应当按照国家有关规定设置原始统计记录和统计台账，建立健全统计资料的搜集、审核、签署、报送、归档等管理制度。

交通运输统计调查对象应当妥善保存统计资料和原始记录、统计台账等，原始记录和统计台账至少保存2年。

第三十四条　交通运输部统计工作部门应当通过建立数据库资源管理平台等方式，对综合交通运输和公路、水路及城市客运领域统计调查项目获取的统计调查数据实施集中管理，根据职责和工作需要实行统计数据共享。

地方各级人民政府交通运输主管部门统计工作部门对统计调查项目获取的统计调查数据实施归口管理，推进统计数据共享。

第三十五条　各级人民政府交通运输主管部门通过统计调查取得的统计资料，除应当保密的外，按照《中华人民共和国统计法》《中华人民共和国统计法实施条例》和相关规定及时予以公布。

第三十六条 交通运输部按照统计调查制度公布本部门调查取得的全国综合交通运输和公路、水路及城市客运领域统计资料。

地方各级人民政府交通运输主管部门按照职责和规定，归口管理、协调本部门调查取得的本行政区域内综合交通运输和公路、水路及城市客运领域统计资料的公布工作。

第三十七条 交通运输统计调查中获得的能够识别或者推断单个统计调查对象身份的资料应当依法严格管理，任何单位和个人不得对外提供、泄露，除作为统计执法依据外，不得直接作为对统计调查对象实施行政许可、行政处罚等具体行政行为的依据，不得用于统计以外的目的。

第七章　监督检查

第三十八条 交通运输部定期对省级人民政府交通运输主管部门统计工作的组织和保障情况开展检查和考核。

省级人民政府交通运输主管部门按照职责和规定对本行政区域内的统计工作组织和保障情况进行检查。

第三十九条 各级人民政府交通运输主管部门协助同级人民政府统计机构依法查处统计违法行为，按照规定及时移送有关材料。

第四十条 交通运输统计调查对象有下列行为之一的，由所在地人民政府交通运输主管部门责令改正，并记入行业信用信息系统：

（一）拒绝提供统计资料，经催报后仍未按时提供统计资料，或者屡次迟报统计资料的；

（二）提供不真实或者不完整的统计资料的；

（三）拒绝、阻碍统计调查、统计检查的；

（四）未按照规定设置原始记录、统计台账的；

（五）转移、隐匿、篡改、毁弃或者拒绝提供原始记录和凭证、统计台账、统计调查表及其他相关证明和资料的。

第四十一条 各级人民政府交通运输主管部门、企业事业单位、其他组织的负责人不得自行修改统计机构和统计人员依法搜集、整理的统计资料，不得以任何方式要求统计机构和统计人员伪造、篡改统计资料，不得对依法履行职责或者拒绝、抵制统计违法行为的统计人员打击报复。

第四十二条 各级人民政府交通运输主管部门负责人、统计机构负责人和统计人员有违反《中华人民共和国统计法》《中华人民共和国统计法实施条例》和党中央、国务院有关规定的行为的，应当依法依规处理。

第八章 附　　则

第四十三条 铁路、民航、邮政领域的统计活动，按照有关规定执行。

第四十四条 本规定自2018年10月1日起施行。2005年12月30日以交通部令2005年第13号发布的《港口统计规则》同时废止。

农业农村部门统计工作管理办法

（2024年5月13日农业农村部令2024年第1号公布　自2024年7月1日起施行）

第一章　总　　则

第一条 为了进一步加强和规范农业农村部门统计工作，提高统计数据质量，发挥统计在服务全面推进乡村振兴、加快建设农业强国中的重要作用，根据《中华人民共和国统计法》、《中华人民共和国统计法实施条例》，制定本办法。

第二条 各级农业农村主管部门对农业产业发展、乡村发展建设治理、农民生产生活等情况进行统计调查、统计分析，提供统计数据，实施统计监督，适用本办法。

第三条 农业农村部负责全国农业农村部门统计工作的宏观指导、统筹协调、组织实施和监督管理。

地方各级农业农村主管部门在上级农业农村主管部门指导下，负责本行政区域内的农业农村部门统计工作。

第四条 各级农业农村主管部门应当加强对统计工作的组织领导，明确承担统计任务的机构和人员，为依法开展统计工作提供必要的经费和条件保障。

第五条 各级农业农村主管部门应当加强统计信息化建设，加快农业农村大数据应用，积极运用信息技术推进农业农村部门统计工作现代化。

第六条 国家机关、企业事业单位和其他组织以及个体工商户和个人等统计调查对象，应当依法真实、准确、完整、及时地提供统计调查所需的资料，不得提供不真实或者不完整的统计资料，不得迟报、瞒报、拒报。

第七条 各级农业农村主管部门应当严格落实防范和惩治统计造假、弄虚作假责任制，积极协助本级人民政府统计机构查处统计违法行为，按照规定及时移送有关统计违法案件材料。

第二章　统计调查

第八条 各级农业农村主管部门贯彻执行法律、法规、规章和本级人民政府的决定及履行本部门职责，需要开展统计活动的，应当制定相应的统计调查项目。

统计调查项目包括：

（一）综合统计调查项目，指涉及三农发展全局的统计调查项目；

（二）专业统计调查项目，指涉及农业农村某一行业、某个领域、某项工作的统计调查项目。

第九条 农业农村部制定的统计调查项目，由农业农村部有关司局、派出机构在充分论证、征求意见、集体讨论决定的基础上提出，经统计工作归口管理司局审核后按程序报送国家统计局审批或者备案。

地方各级农业农村主管部门制定的统计调查项目，依法报送统计机构审批，其主要内容不得与农业农村部制定的统计调查项目内容重复、矛盾。

统计调查项目以统计机构批准执行或者同意备案的日期为生效时间。统计调查项目在有效期内需要变更内容的，应当按程序重新审批或者备案。

第十条 各级农业农村主管部门制定统计调查项目，应当同时制定该项目的统计调查制度。

统计调查制度内容包括总说明、报表目录、调查表式、分类目录、指标解释、指标间逻辑关系，采用抽样调查方法的还应当包括抽样方案。

统计调查制度总说明应当对调查目的、调查对象、统计范围、调查内容、调查频率、调查时间、调查方法、组织实施方式、质量控制、报送要求、信息共享、资料公布等作出规定。

面向单位的部门统计调查，其统计调查对象应当取自国家基本单位名录库或者部门基本单位名录库。

第十一条 统计调查表应当标明表号、制定机关、批准或者备案文号、有效期限等。统计调查表中的指标应当具有明确清晰的定义和数据采集来源。

第十二条 农业农村部门统计调查应当合理确定调查频率和调查规模，综合运用全面调查、抽样调查、重点调查等方法，并充分利用行政记录等资料。

各级农业农村主管部门可以通过政府购买服务等方式开展统计调查工作，并对统计调查过程和结果负责。承接政府购买服务的主体应当严格按照统计调查制度开展统计调查工作。

第十三条 地方各级农业农村主管部门应当严格执行统计调查制度，加强数据采集、传输、审核、汇总、核算、分析等环节的全流程质量控制，及时、准确上报统计资料。

第十四条 农业农村部门统计调查应当依据国家统计标准。没有国家统计标准的，农业农村部可以制定部门统计标准并按照《中华人民共和国统计法》规定程序报批。

第三章 统计资料管理

第十五条 各级农业农村主管部门应当建立健全统计资料保存管理制度，规范统计资料整理、标识、交接、归档、维护、借阅等工作，推进电子化管理。

第十六条 各级农业农村主管部门应当建立健全统计信息共享机制，依法及时与本级人民政府统计机构共享统计信息。

第十七条 各级农业农村主管部门应当加强统计资料在农业产业发展、乡村发展建设治理、农民生产生活等方面的应用，按照统计调查制度规定公布数据。

第十八条 各级农业农村主管部门及其统计人员对在统计工作中知悉的国家秘密、工作秘密、商业秘密和个人信息，应当予以保密，不得泄露或者向他人非法提供。

各级农业农村主管部门应当加强数据安全管理，科学研判数据汇聚形成的风险，提升数据安全技术手段，防范数据泄露。

第四章　统计机构和统计人员

第十九条　农业农村部统计工作归口管理司局履行以下职责：

（一）组织制定农业农村部门统计制度规范、部门统计标准，建立健全农业农村部门统计体系，具体承担全国农业农村部门统计工作的监督管理；

（二）统一部署和审核报送农业农村部统计调查项目；

（三）组织实施农业农村部综合统计调查项目，对综合统计调查制度执行情况进行监督检查；

（四）指导各相关司局、派出机构实施农业农村部专业统计调查项目；

（五）统筹管理农业农村部统计资料的汇总、共享和公布，编制年度统计公报和综合性统计资料，建立健全统计指标库和数据库；

（六）统筹推进农业农村部门统计信息化建设和大数据发展；

（七）组织指导农业农村部门统计人员的专业培训和职业道德教育。

第二十条　农业农村部各相关司局、派出机构履行以下职责：

（一）组织实施业务范围内的专业统计调查项目，对专业统计调查制度执行情况进行监督检查；

（二）制定本行业、本领域统计管理制度，参与制定农业农村部门统计标准；

（三）优化完善统计指标体系，加强统计资料的采集、整理、汇总、审核、共享、分析及应用；

（四）向统计工作归口管理司局报送年度统计数据公布计划，

并按照要求公布；

（五）推进本行业、本领域统计信息化建设和大数据发展；

（六）对受委托开展统计工作的相关事业单位、科研机构加强监督管理；

（七）负责本行业、本领域统计人员管理和培训。

第二十一条 地方各级农业农村主管部门履行以下职责：

（一）按照农业农村部统计调查项目及其统计调查制度要求，负责采集、整理、汇总、审核、报送本行政区域统计资料；

（二）制定实施地方农业农村部门统计调查项目及其统计调查制度；

（三）开展统计数据分析研判，提供统计信息服务；

（四）推进本行政区域内的农业农村部门统计信息化建设和大数据发展；

（五）监督管理本行政区域内的农业农村部门统计工作；

（六）负责本行政区域内的统计人员管理和培训。

第二十二条 各级农业农村主管部门及其统计人员应当依法履行职责，如实搜集、报送统计资料，不得伪造、篡改统计资料，不得以任何方式要求任何单位和个人提供不真实的统计资料，不得有其他违反《中华人民共和国统计法》规定的行为。

统计人员进行统计调查时，有权就与统计有关的问题询问有关人员，要求其如实提供有关情况、资料并改正不真实、不准确的资料。

统计人员进行统计调查时，应当出示其所在部门颁发的工作证件；未出示的，统计调查对象有权拒绝调查。

第二十三条 统计人员应当具备与其从事的统计工作相适应的专业知识和业务能力，坚持实事求是，恪守职业道德，对其负责搜集、审核、录入的统计资料与统计调查对象报送的统计资料的一致性负责。

第五章 监督管理

第二十四条 各级农业农村主管部门及其工作人员有违反本办法规定行为的，依照《中华人民共和国统计法》、《中华人民共和国统计法实施条例》有关规定予以处理。

第二十五条 作为农业农村部门统计调查对象的国家机关、企业事业单位或者其他组织有下列行为之一的，依照《中华人民共和国统计法》移送有关机构予以查处：

（一）拒绝提供统计资料或者经催报后仍未按时提供统计资料的；

（二）提供不真实或者不完整的统计资料的；

（三）拒绝、阻碍统计调查、统计检查的；

（四）转移、隐匿、篡改、毁弃或者拒绝提供原始记录和凭证、统计台账、统计调查表及其他相关证明和资料的；

（五）迟报统计资料的；

（六）未按照国家有关规定设置原始记录、统计台账的。

个体工商户有前款第（一）项至第（五）项所列行为之一的，依照《中华人民共和国统计法》移送有关机构予以查处。

第二十六条 上级农业农村主管部门可以依据本办法，对下级农业农村主管部门贯彻落实统计法律法规和制度，开展统计业务工作，落实防范和惩治统计造假、弄虚作假责任制，保障人员力量和工作条件等情况进行监督。

各级农业农村主管部门对在统计工作中履职尽责并作出突出贡献的单位和人员给予通报表扬，对报送不及时、数据质量差等履职不力的，给予通报批评。

地方各级农业农村主管部门执行上级农业农村主管部门布置的统计调查任务存在严重问题的，由上级农业农村主管部门予以约谈。

第六章 附 则

第二十七条 本办法自2024年7月1日起施行。

卫生健康统计工作管理办法

(2023年11月13日国家卫生健康委员会令第12号公布 自公布之日起施行)

第一章 总 则

第一条 为加强和规范卫生健康统计工作，确保统计数据真实性、准确性、完整性、及时性，根据《中华人民共和国统计法》及其实施条例、《中华人民共和国基本医疗卫生与健康促进法》等法律法规，制定本办法。

第二条 卫生健康行业依法开展的统计调查、数据分析、提供统计资料、信息咨询等统计活动和实行统计监督适用本办法。

第三条 卫生健康统计工作实行统一领导、分级负责的管理体制。

国务院卫生健康主管部门负责统筹规划和统一管理全国卫生健康统计工作，制定全国卫生健康统计工作政策文件、计划规划和标准规范，依法制（修）订国家卫生健康统计调查制度。推进统计数据资源共享和安全管理，发布卫生健康统计公报、年鉴、提要及重点专项调查报告，加强统计人才队伍建设，对各地卫生健康统计工作开展情况进行监督检查。

县级以上地方卫生健康主管部门按照属地管理原则负责管理

本地区卫生健康统计工作，制定本地区卫生健康统计工作制度和计划规划，组织实施本地区卫生健康统计调查，管理和发布有关统计信息，组织开展数据质量控制，加强统计工作信息化和人才队伍建设。

第四条 国务院卫生健康主管部门直属统计机构具体负责卫生健康统计调查工作，实施统计分析和咨询，对各地卫生健康统计调查工作开展业务指导、质量控制和专业培训。

第五条 各级卫生健康主管部门应当加强组织领导，把统计工作列入重要议事日程，加强直属统计机构基础能力建设，强化对基层医疗卫生机构的指导，为依法开展统计工作提供必要的人员、经费、装备等保障。

第六条 各级卫生健康主管部门应当积极推广应用信息技术，大力加强统计信息化建设，创新数据采集、传输、存储、处理、共享方式方法，强化信息安全管理，减轻基层填报负担，提高统计服务质量和效率。

第七条 各级卫生健康主管部门应当按照国家有关规定对在卫生健康统计工作中做出显著成绩的单位和个人给予表彰和奖励。

第二章 机构与人员

第八条 国务院卫生健康主管部门直属统计机构的主要职责是：

（一）在国务院卫生健康主管部门领导下，负责统计调查制度的拟定以及技术审核；

（二）建设、运行国家卫生健康统计网络直报系统，负责各项统计调查数据的收集、质量控制、管理、分析、应用以及卫生健康统计分类标准及其代码的制（修）订；起草全国卫生健

康事业发展统计公报,具体承担卫生健康统计提要、年鉴编审工作;

(三)实施全国卫生健康综合统计、全国卫生资源与医疗服务统计调查、居民健康状况等监测及各类专项统计、调查;

(四)对各地卫生健康统计调查工作提供有关业务指导、咨询和培训,开展统计调查数据质量检查。

第九条 各地卫生健康主管部门直属统计机构在本级卫生健康主管部门领导下,承担辖区内卫生健康统计数据报送、质量控制、分析应用等工作的具体实施和技术指导。

第十条 各级各类医疗卫生机构及其他承担卫生健康统计调查工作任务的机构应当建立健全统计工作制度,执行国务院卫生健康主管部门制定的卫生健康统计调查规章制度,管理统计资料及相关数据,提高源头数据真实性,加强数据分析利用,发挥统计工作支撑服务作用。

第十一条 各级卫生健康主管部门、各级各类医疗卫生机构及其他承担卫生健康统计调查工作任务的机构应当按规定配备专职或兼职统计人员,为其提供必要的工作条件,经常性组织开展业务培训,组织做好统计人员的职称评定、聘任工作,保持统计队伍相对稳定。

第十二条 统计人员应当具备相应的统计专业知识和信息化素养,其中专职统计人员应当掌握统计分析基本方法,具备较强的统计专业能力。

统计人员依法独立行使卫生健康统计调查、统计报告和统计监督的职权不受侵犯。

第三章 统计调查项目管理

第十三条 卫生健康统计调查项目分为常规卫生健康统计项

目和专项卫生健康统计调查项目。常规卫生健康统计项目包括综合性或有关业务工作年报、季报、月报、日报和实时报告等。专项卫生健康统计调查项目包括定期调查和一次性调查。

第十四条　国家卫生健康统计调查项目由国务院卫生健康主管部门中的统计工作部门归口管理，依法报国家统计局审批或备案。

地方卫生健康主管部门可依法制定补充性卫生健康统计调查项目，报地方人民政府统计机构审批，其主要内容不得与国家卫生健康统计调查项目的内容重复、冲突或影响其实施。

对未经批准或备案的统计调查项目或者超过有效期限的调查项目，统计调查对象有权拒绝填报。

第十五条　制定卫生健康统计调查项目应当符合本部门履职需要，体现精简效能原则，减轻基层统计人员负担。可以通过行政记录和大数据加工整理获得统计资料的，不得开展统计调查。可以通过已经批准实施的各种统计调查整理获得统计资料的，不得重复开展统计调查，避免重复报送、多头报送。

第十六条　制定卫生健康统计调查项目，应当同时制定统计调查制度，对统计调查目的、内容、范围、对象、时间、方法、频率、标准、统计资料的报送和公布、经费保障等内容作出规定，并明确指标解释、逻辑关系、计算方法等相关技术问题。

第十七条　各级卫生健康主管部门及其直属统计机构应当严格按照批准的统计调查制度，采用统一规范的统计标准，充分运用信息技术开展统计调查。

第十八条　各级卫生健康主管部门及其直属统计机构应当强化统计数据质量控制，制定完善质量控制方案，健全质量控制责任体系，明确质量控制标准要求，严格数据采集、传输、汇总、分析等环节的全流程管理，加强质量监督检查，定期组织开展统计数据质量评估和审核工作。

第十九条　各统计调查对象应当按照统计调查程序、上报日期和有关规定执行统计调查任务，真实、准确、完整、及时地提供统计调查所需的资料，不得提供不真实或者不完整的统计资料，不得迟报、拒报统计资料。

第四章　统计信息服务管理

第二十条　各级卫生健康主管部门及其直属统计机构建立健全统计数据信息资源目录和统计信息共享机制，将统计数据纳入统一数据信息资源目录体系，并及时更新统计数据。对统计数据实行共享管理、授权使用。各级卫生健康主管部门应当按照国家有关要求，依托政务信息共享交换平台，积极推动与相关政府部门的统计信息共享、交换和应用。

第二十一条　各级卫生健康主管部门及其直属统计机构依法公开统计调查结果。

各级卫生健康主管部门应当充分运用卫生健康统计调查获取的统计数据，开展政策制定、规划编制、监测评价等工作。各级卫生健康主管部门直属统计机构应当开展统计资料挖掘分析，为辅助宏观决策、支撑行业监管等提供服务。

第五章　数据资源安全管理

第二十二条　各级卫生健康主管部门及其直属统计机构和承担卫生健康统计调查项目的其他机构应当按照国家相关规定妥善保管统计调查中取得的统计资料（含电子资料）。

第二十三条　各级各类医疗卫生机构及其他承担卫生健康统计调查工作任务的机构应当强化统计资料（含电子资料）管理责任，按照国家有关规定设置原始记录和统计台账，建立健全统计资料管理制度，确保数据资源的规范管理和安全使用。

第二十四条 各级卫生健康主管部门及其直属统计机构、各级各类医疗卫生机构、承担卫生健康统计调查项目的其他机构应当严格执行国家法律法规要求，建立健全网络安全等级保护制度和数据分类分级保护制度，加强信息系统及数据库的安全建设和运维管理。加强对信息系统承建者与运营者的安全保密管理，确保数据安全可控。

第二十五条 各级卫生健康主管部门及其直属统计机构、各级各类医疗卫生机构、承担卫生健康统计调查项目的其他机构和统计人员应当保护调查对象隐私。统计调查中获得的能够识别或推断公民、医疗卫生机构等单个统计调查对象身份的资料，任何单位和个人不得对外提供、泄露，不得用于统计以外的目的。任何组织或个人不得非法收集、使用、加工、传输，以及买卖、提供或者公开公民个人健康信息。

第六章 监管与法律责任

第二十六条 上级卫生健康主管部门定期对下级卫生健康主管部门及其辖区内医疗卫生机构、其他承担卫生健康统计调查工作任务的机构进行统计工作监督检查，并通报有关结果。统计工作监督检查的内容主要包括：

（一）统计法律、法规、规章和上级有关文件贯彻落实情况；

（二）本单位统计工作制度建设及实施情况；

（三）统计经费及统计工作设备保障情况；

（四）统计数据质量控制及统计资料管理情况；

（五）统计数据资源安全管理及统计调查对象隐私保护情况；

（六）其他需要检查的内容。

第二十七条 各级卫生健康主管部门应当建立防范和惩治统

计造假、弄虚作假责任制度，按照谁主管谁负责、谁经办谁负责的原则，建立分级分层的责任体系，依法依规进行问责管理。

第二十八条 各级卫生健康主管部门协助同级人民政府统计机构依法查处统计违法行为，按照规定及时移送有关材料。

第二十九条 各级卫生健康主管部门及其直属统计机构、各级各类医疗卫生机构、其他承担卫生健康统计调查工作任务的机构负责人和相关统计人员有下列行为之一的，按照《中华人民共和国统计法》等法律法规予以处理：

（一）未经批准擅自组织实施统计调查的；

（二）虚报、瞒报、伪造、篡改统计资料的；

（三）指使、授意统计人员或者其他相关人员伪造、篡改统计资料，编造虚假统计数据的；

（四）对拒绝、抵制统计违法行为的统计人员打击报复的；

（五）违法公布统计资料的；

（六）违反国家有关规定，造成统计资料毁损、灭失的；

（七）在统计调查中泄露个人统计调查资料，造成不良后果的；

（八）其他违反统计法律法规的行为。

第三十条 卫生健康统计调查对象有下列行为之一的，由卫生健康主管部门提请同级政府统计机构依法依规予以查处：

（一）拒绝提供统计资料或者经催报后仍未按时提供统计资料的；

（二）提供不真实或者不完整的统计资料的；

（三）拒绝、阻碍统计调查、统计检查的；

（四）转移、隐匿、篡改、毁弃或者拒绝提供原始记录和凭证、统计台账、统计调查表及其他相关证明和资料的。

第七章　附　　则

第三十一条 本办法中的医疗卫生机构包括基层医疗卫生机

构、医院和专业公共卫生机构等。

第三十二条 各级中医药主管部门和疾病预防控制主管部门在各自职责范围内负责组织实施的中医药统计工作和疾病预防控制统计工作按照本办法执行。

第三十三条 本办法自公布之日起施行。原卫生部 1999 年 2 月 25 日公布的《全国卫生统计工作管理办法》和原国家计划生育委员会 1999 年 3 月 19 日公布的《计划生育统计工作管理办法》同时废止。

生态环境统计管理办法

（2023 年 1 月 18 日生态环境部令第 29 号公布　自公布之日起施行）

第一章　总　　则

第一条 为加强和规范生态环境统计管理，保障生态环境统计资料真实性、准确性、完整性和及时性，发挥统计支撑生态环境工作重要作用，根据《中华人民共和国环境保护法》《中华人民共和国统计法》《中华人民共和国统计法实施条例》等有关法律法规，制定本办法。

第二条 生态环境统计基本任务是对生态环境状况和生态环境保护工作情况进行统计调查、统计分析，提供统计资料和统计咨询意见，实行统计监督。

生态环境统计内容包括生态环境质量、环境污染及其防治、生态保护、应对气候变化、核与辐射安全、生态环境管理及其他有关生态环境保护事项。

第三条 生态环境统计工作实行统一管理、分级负责的管理体制。

生态环境部在国家统计局业务指导下，对全国生态环境统计工作进行统一管理，制定生态环境统计规章制度、标准规范、工作计划，组织实施全国生态环境统计工作，汇总、管理和公布全国生态环境统计资料。

地方各级生态环境主管部门在上级生态环境主管部门和本级人民政府统计机构指导下，组织实施本行政区域生态环境统计工作。

第四条 各级生态环境主管部门应当根据生态环境统计任务和本地区、本部门生态环境管理需要，在下列方面加强对生态环境统计工作的领导和监督：

（一）将生态环境统计事业发展纳入生态环境工作计划，并组织实施；

（二）明确生态环境统计机构；

（三）安排并保障生态环境统计业务经费和人员；

（四）按时完成上级生态环境主管部门依法布置的统计任务，采取措施保障统计资料的真实性、准确性、完整性和及时性；

（五）开展生态环境统计科学研究，改进和完善生态环境统计调查制度和方法；

（六）防范和惩治生态环境统计造假、弄虚作假；

（七）落实生态环境统计改革任务；

（八）建立生态环境统计工作奖惩制度。

第五条 国家机关、企业事业单位、其他生产经营者和个人等生态环境统计调查对象，应当依照有关法律、法规和本办法的规定，真实、准确、完整、及时地提供生态环境统计调查所需的资料，不得提供不真实或者不完整的统计资料，不得迟报、拒报统计资料。

第二章 机构和职责

第六条 各级生态环境主管部门应当根据统计任务需要,明确承担统一组织协调生态环境统计工作职责的综合机构(以下简称生态环境统计综合机构)及其人员。

第七条 各级生态环境统计综合机构的职责是:

(一)制定生态环境统计工作规章制度和工作计划,并组织实施;

(二)建立健全生态环境统计指标体系,归口管理、按照规定申报生态环境统计调查项目;

(三)开展生态环境统计分析和预测;

(四)实行生态环境统计质量控制和监督,采取措施保障统计资料的真实性、准确性、完整性和及时性;

(五)收集、汇总和审核生态环境统计资料,建立和管理生态环境统计数据库,支撑相关生态环境管理工作,按照规定提供对外公布所需的生态环境统计资料,审核对外共享的生态环境统计调查项目范围内的资料;

(六)按照规定向上级生态环境主管部门和本级人民政府统计机构报送生态环境统计资料;

(七)指导下级生态环境主管部门和统计调查对象的生态环境统计工作,组织业务培训;

(八)开展生态环境统计科研和生态环境统计业务的交流与合作;

(九)承担生态环境统计的保密工作。

第八条 各级生态环境主管部门承担相关生态环境统计调查任务的职能机构负责其业务范围内的统计工作,其职责是:

(一)编制业务范围内的生态环境统计调查制度,提交同级生态环境统计综合机构审核并按照规定配合完成生态环境统计调查项目申报工作，经批准或者备案后组织实施；

（二）收集、汇总、审核其业务范围内的生态环境统计资料，并按照统计调查制度要求，报送上级生态环境主管部门和同级生态环境统计综合机构；

（三）落实生态环境统计数据质量控制要求，保障统计数据质量；

（四）开展生态环境统计分析，对相关业务工作提出建议；

（五）承担相关生态环境统计的保密工作。

第九条 作为生态环境统计调查对象的国家机关、企业事业单位、其他生产经营者应当依法履行下列生态环境统计义务：

（一）按照国家有关规定设置生态环境统计原始记录、统计台账，建立健全统计资料的审核、签署、交接、归档等管理制度；

（二）按照规定报送和提供生态环境统计资料，管理生态环境统计调查表和基本生态环境统计资料。

生态环境统计资料的审核、签署人员应当对其审核、签署的统计资料的真实性、准确性和完整性负责。

第十条 各级生态环境主管部门及其生态环境统计人员在生态环境统计工作中依法行使统计调查、统计报告、统计监督职权。

第十一条 生态环境统计人员应当具备相应的专业知识和业务能力。各级生态环境主管部门应当提高其统计人员专业素质，保障统计队伍稳定性。

各级生态环境主管部门应当加强专业培训和职业道德教育，定期对生态环境统计人员和统计调查对象相关工作人员开展培训。

第三章　统计调查项目

第十二条 生态环境统计调查项目分为综合性调查项目和专

项调查项目，调查方法分为全面调查、重点调查、抽样调查等，调查周期包括年度、半年度、季度、月度等。

第十三条 生态环境部执行相关法律、行政法规、国务院的决定和履行本部门职责，需要开展统计活动的，应当制定相应的部门统计调查项目。

生态环境部制定的统计调查项目，统计调查对象属于生态环境部管辖系统或者利用行政记录加工获取统计资料的，报国家统计局备案；统计调查对象超出生态环境部管辖系统的，报国家统计局审批。

第十四条 地方各级生态环境主管部门制定的统计调查项目，报本级人民政府统计机构审批，其主要内容不得与生态环境部制定的统计调查项目内容重复、矛盾。

第十五条 制定生态环境统计调查项目应当遵循以下原则：

（一）制定新的生态环境统计调查项目，应当就项目必要性、可行性、科学性进行论证，征求有关地方、部门、统计调查对象和专家的意见，并按照会议制度集体讨论决定，重要统计调查项目应当进行试点；

（二）可以通过行政记录和大数据加工整理获得统计资料的，不再重复开展统计调查；可以通过已经批准实施的各种统计调查整理获得统计资料的，不再重复开展统计调查；

（三）统计调查应当尽量减少调查频率，缩小调查规模，降低调查成本，减轻基层统计人员和统计调查对象负担。抽样调查、重点调查可以满足需要的，不得开展全面调查；一次性调查可以满足需要的，不得进行经常性调查；

（四）生态环境统计调查项目不得与国家统计调查项目的内容重复、矛盾。

第十六条 制定生态环境统计调查项目，应当同时制定该项目的统计调查制度。

生态环境统计调查制度应当对调查目的、内容、方法、对象、组织方式、调查表式、统计资料的报送和公布等作出规定。

变更统计调查制度的内容，应当报经原审批机关批准或者原备案机关备案。

第十七条 生态环境统计调查项目经批准或者备案后，应当在统计调查表的右上角标明表号、制定机关、批准文号或者备案文号、有效期限等标志。

对未标明前款规定的标志或者超过有效期限的统计调查表，生态环境统计调查对象有权拒绝填报。

第十八条 生态环境统计调查表中的指标必须有确定的涵义、数据采集来源和计算方法。

生态环境部制定全国性生态环境统计调查表，并对其指标的涵义、数据采集来源、计算方法等作出统一说明。

第十九条 在生态环境统计调查中，排放源排放量按照监测数据法、产排污系数/排放因子法、物料衡算法等方法进行核算。

排污许可证执行报告中报告的污染物排放量可以作为生态环境统计的依据。

生态环境部组织制定统一的排放源产排污系数，按照规定程序发布，并适时评估修订。

第四章 统计调查的组织实施

第二十条 各级生态环境主管部门应当严格按照批准或者备案的生态环境统计调查制度组织实施生态环境统计调查。

第二十一条 各级生态环境主管部门应当建立健全生态环境统计工作流程规范和数据质量控制制度，严格实施数据采集、核算、汇总、审核、分析等环节的全流程质量控制。

第二十二条 各级生态环境主管部门应当建立生态环境统计调查对象名录库，并实施动态管理。

第二十三条 各级生态环境主管部门组织实施生态环境统计调查，应当就生态环境统计调查对象的法定填报义务、主要指标涵义和有关填报要求等，向统计调查对象作出说明。

第二十四条 国家机关、企业事业单位、其他生产经营者作为生态环境统计调查对象提供统计资料，应当由填报人员和单位负责人签字，并加盖公章。个人作为生态环境统计调查对象提供统计资料，应当由本人签字。统计调查制度规定不需要签字、加盖公章的除外。

统计调查对象使用网络提供统计资料的，按照国家有关规定执行。

第二十五条 各级生态环境主管部门应当严格落实统计数据审核要求，采取资料核查、现场核查以及其他有效方式，对统计调查对象提供的统计资料进行审核。统计资料不完整或者存在明显错误的，由统计调查对象依法予以补充或者改正。

第二十六条 各级生态环境主管部门及其统计人员应当对其负责搜集、审核、录入的统计资料与统计调查对象报送的统计资料的一致性负责，不得伪造、篡改统计资料，不得要求统计调查对象或者其他机构、人员提供不真实的统计资料。

第二十七条 各级生态环境主管部门应当加强统计信息化建设，将生态环境统计信息化建设列入发展计划，积极推动现代信息技术的应用，完善生态环境统计信息系统，推进统计信息搜集、处理、传输、共享、存储技术和统计数据库现代化。

第二十八条 各级生态环境主管部门应当推动使用行政记录、大数据等手段搜集整理统计资料，充分运用先进技术方法，提高生态环境统计信息挖掘、处理和分析能力，提供多样化统计产品，提升统计分析应用水平。

第二十九条 各级生态环境主管部门可以根据需要通过向社会购买服务等方式组织实施统计调查和资料开发。

第五章 统计资料的管理和公布

第三十条 生态环境统计资料是制定生态环境政策、规划、计划，开展生态环境考核、履约等工作的基本依据。

第三十一条 各级生态环境主管部门应当按照国家有关规定建立统计资料的保存、管理制度，建立健全信息共享机制，推进生态环境统计资料共享和应用。

第三十二条 各级生态环境主管部门应当按照国家有关规定和已批准或者备案的生态环境统计调查制度，公布生态环境统计资料，并按照要求提供给本级人民政府统计机构。

第三十三条 各级生态环境主管部门的相关职能机构应当在规定期限内，将其组织实施统计调查所获得的生态环境统计资料，报送同级生态环境统计综合机构。

第三十四条 生态环境统计资料应当纳入生态环境统计年报或者以其他形式统一公布。

任何单位和个人不得违反规定公布生态环境统计资料，公布前不得违反规定对外提供。

第三十五条 各级生态环境主管部门制定生态环境政策、中长期规划和年度计划，开展考核、履约等工作，需要使用生态环境统计资料的，应当以生态环境统计综合机构提供的资料为准。

第三十六条 各级生态环境主管部门应当执行国家有关统计资料保密管理的规定，加强对生态环境统计资料的保密管理。

第三十七条 各级生态环境主管部门应当严格执行国家有关网络安全法律法规要求，建立健全网络安全保护制度，加强生态环境统计信息系统及数据库的安全建设和运维管理。

第三十八条 各级生态环境主管部门和国家机关、企业事业单位、其他生产经营者等生态环境统计调查对象应当建立生态环境统计资料档案。

生态环境统计资料档案的保管、调用和移交，应当遵守国家有关统计资料管理和档案管理的规定。

第三十九条 生态环境统计调查中获得的能够识别或者推断单个统计调查对象身份的资料应当依法严格管理，除作为统计执法依据外，不得直接作为对统计调查对象实施行政许可、行政处罚等具体行政行为的依据，不得用于完成统计任务以外的目的。

第六章 监督检查

第四十条 各级生态环境主管部门应当建立健全防范和惩治生态环境统计造假、弄虚作假责任体系，明确领导班子、相关负责人以及生态环境统计人员的责任。

第四十一条 各级生态环境主管部门应当建立监督检查工作机制和相关制度，组织开展生态环境统计监督检查工作。

监督检查事项包括：

（一）生态环境主管部门遵守、执行生态环境统计法律法规规章情况；

（二）生态环境主管部门建立防范和惩治生态环境统计造假、弄虚作假责任制情况；

（三）生态环境统计调查对象遵守生态环境统计法律法规规章、统计调查制度情况；

（四）法律法规规章规定的其他事项。

第四十二条 生态环境统计调查对象应当配合生态环境主管部门的监督检查工作。

任何单位和个人不得拒绝、阻碍对生态环境统计工作的监督检查。

第四十三条 各级生态环境主管部门应当积极协助本级人民政府统计机构查处生态环境统计违法行为，及时移送有关统计违法案件材料。

第七章 奖励与惩罚

第四十四条 各级生态环境主管部门应当对在改革和完善生态环境统计调查制度、统计调查方法，组织实施统计调查任务，进行生态环境统计分析、预测和监督，开展生态环境统计科学研究等方面做出重要贡献的机构或者个人，给予表扬或者奖励。

第四十五条 生态环境部定期对全国生态环境统计工作进行评估，按照规定对成绩突出的单位和个人进行表彰或者表扬。

第四十六条 生态环境主管部门有下列行为之一的，依照《中华人民共和国统计法》《中华人民共和国统计法实施条例》予以处罚；对直接负责的主管人员和其他直接责任人员，依法予以处分：

（一）未经批准擅自组织实施生态环境统计调查的；

（二）未经批准擅自变更生态环境统计调查制度内容的；

（三）未执行批准或者备案的生态环境统计调查制度的；

（四）拒报、迟报或者伪造、篡改生态环境统计资料的；

（五）要求生态环境统计调查对象或者其他机构、人员提供不真实的生态环境统计资料的；

（六）违法公布生态环境统计资料的；

（七）泄露生态环境统计调查对象的商业秘密、个人信息或者提供、泄露在生态环境统计调查中获得的能够识别或者推断单个生态环境统计调查对象身份的资料的；

（八）其他违反法律法规规定的行为。

第四十七条 生态环境统计调查对象有下列行为之一的，依照《中华人民共和国统计法》《中华人民共和国统计法实施条例》予以处罚;国家机关、企业事业单位或者其他生产经营者作为生态环境统计调查对象,其直接负责的主管人员和其他直接责任人员属于国家工作人员的,依法予以处分:

(一)拒绝提供生态环境统计资料或者经催报后仍未按时提供生态环境统计资料的;

(二)提供不真实或者不完整的生态环境统计资料的;

(三)拒绝、阻碍生态环境统计调查、监督检查的;

(四)转移、隐匿、篡改、毁弃或者拒绝提供原始记录和凭证、统计台账、统计调查表及其他相关证明和资料的;

(五)其他违反法律法规规定的行为。

第八章 附 则

第四十八条 全国污染源普查依照《全国污染源普查条例》规定组织实施。

第四十九条 本办法自公布之日起施行。《环境统计管理办法》(国家环保总局令第37号)同时废止。

银行保险监管统计管理办法

(2022年12月25日中国银行保险监督管理委员会令2022年第10号公布 自2023年2月1日起施行)

第一章 总 则

第一条 为加强银行业保险业监管统计管理,规范监管统计行为，提升监管统计质效，落实统计监督职能，促进科学监管和行业平稳健康发展，根据《中华人民共和国银行业监督管理法》《中华人民共和国保险法》《中华人民共和国商业银行法》《中华人民共和国统计法》《中华人民共和国数据安全法》等法律法规，制定本办法。

第二条 本办法所称银行保险机构，是指在中华人民共和国境内依法设立的商业银行、农村信用合作社等吸收公众存款的金融机构以及政策性银行、金融资产管理公司、金融租赁公司、理财公司、保险集团（控股）公司、保险公司和保险资产管理公司等。

第三条 本办法所称监管统计，是指银保监会及其派出机构组织实施的以银行保险机构为对象的统计调查、统计分析、统计信息服务、统计管理和统计监督检查等活动，以及银行保险机构为落实相关监管要求开展的各类统计活动。

本办法所称监管统计资料，是指依据银保监会及其派出机构监管统计要求采集的，反映银行保险机构经营情况和风险状况的数据、报表、报告等。

第四条 监管统计工作遵循统一规范、准确及时、科学严谨、实事求是的原则。

第五条 银保监会对银行保险监管统计工作实行统一领导、分级管理的管理体制。银保监会派出机构负责辖内银行保险机构监管统计工作。

第六条 银保监会及其派出机构、银行保险机构应不断提高监管统计信息化水平，充分合理利用先进信息技术，满足监管统计工作需要。

第七条 监管统计工作及资料管理应严格遵循保密、网络安全、数据安全、个人信息保护等有关法律法规、监管规章和标准规范。相关单位和个人应依法依规严格予以保密，保障监管统计数据安全。

第二章 监管统计管理机构

第八条 银保监会统计部门对监管统计工作实行归口管理，履行下列职责：

（一）组织制定监管统计管理制度、监管统计业务制度、监管数据标准和数据安全制度等有关工作制度；

（二）组织开展监管统计调查和统计分析；

（三）收集、编制和管理监管统计数据；

（四）按照有关规定定期公布监管统计资料；

（五）组织开展监管统计监督检查和业务培训；

（六）推动监管统计信息系统建设；

（七）组织开展监管统计数据安全保护相关工作；

（八）为满足监管统计需要开展的其他工作。

第九条 银保监会相关部门配合统计部门做好监管统计工作，履行下列职责：

（一）参与制定监管统计管理制度、监管统计业务制度和监管数据标准；

（二）指导督促银行保险机构执行监管统计制度、加强监管统计管理和提高监管统计质量；

（三）依据监管责任划分和有关规定，审核所辖银行保险机构监管统计数据；

（四）落实监管统计数据安全保护相关工作；

（五）为满足监管统计需要开展的其他工作。

第十条 银保监会派出机构贯彻银保监会监管统计制度、标准和有关工作要求。派出机构统计部门在辖区内履行本办法第八条第（二）至（八）款之规定职责，以及制定辖区监管统计制度；相关部门履行本办法第九条之规定职责。

第三章 监管统计调查管理

第十一条 银保监会及其派出机构开展监管统计调查应充分评估其必要性、可行性和科学性,合理控制数量,不必要的应及时清理。

第十二条 监管统计调查按照统计方式和期限,分为常规统计调查和临时统计调查。

常规统计调查以固定的制式、内容、频次定期收集监管统计资料,由银保监会归口管理部门统一管理。开展监管统计常规调查,应同时配套制定监管统计业务制度。

临时统计调查以灵活的制式、内容、频次收集监管统计资料,有效期限原则上不超过一年,到期后仍需继续采集的,应重新制定下发或转为常规统计调查。

第十三条 派出机构开展辖内银行保险机构临时统计调查,相关统计报表和统计要求等情况应报上一级统计部门备案。

第十四条 银保监会及其派出机构应建立健全监管统计资料管理机制和流程,规范资料的审核、整理、保存、查询、使用、共享和信息服务等事项,采取必要的管理手段和技术措施,强化监管统计资料安全管理。

第十五条 银保监会建立统计信息公布机制,依法依规定期向公众公布银行保险监管统计资料。派出机构根据银保监会规定和授权,建立辖内统计信息公布机制。

第四章 银行保险机构监管统计管理

第十六条 银行保险机构应按照银保监会及其派出机构要求,完善监管统计数据填报审核工作机制和流程,确保数据的真实性、准确性、及时性、完整性。

银行保险机构应保证同一指标在监管报送与对外披露的一致性。如有重大差异，应及时向银保监会或其派出机构解释说明。

第十七条 银行保险法人机构应将监管统计数据纳入数据治理，建立满足监管统计工作需要的组织架构、工作机制和流程，明确职权和责任，实施问责和激励，评估监管统计管理的有效性和执行情况，推动监管统计工作有效开展和数据质量持续提升，并加强对分支机构监管统计数据质量的监督和管理。

第十八条 银行保险机构法定代表人或主要负责人对监管统计数据质量承担最终责任。

银行保险法人机构及其县级及以上分支机构应分别指定一名高级管理人员（或主要负责人）为监管统计负责人，负责组织部署本机构监管统计工作，保障岗位、人员、薪酬、科技支持等资源配置。

第十九条 银行保险法人机构应明确并授权归口管理部门负责组织、协调和管理本机构监管统计工作，履行下列职责：

（一）组织落实监管统计法规、监管统计标准及有关工作要求；

（二）组织制定满足监管统计要求的内部管理制度和统计业务制度；

（三）组织收集、编制、报送和管理监管统计数据；

（四）组织开展对内部各部门、各分支机构的监管统计管理、考评、检查和培训工作，对不按规定提供或提供虚假监管统计数据的进行责任认定追溯；

（五）推动建设满足监管统计报送工作需要的信息系统；

（六）落实监管统计数据安全保护相关工作；

（七）为满足监管统计需要开展的其他工作。

银行保险法人机构各相关部门应承担与监管统计报送有关的业

务规则确认、数据填报和审核、源头数据质量治理等工作职责。

银行保险机构省级、地市级分支机构应明确统计工作部门，地市级以下分支机构应至少指定统计工作团队，负责组织开展本级机构的监管统计工作。

第二十条 银行保险法人机构归口管理部门及其省级分支机构统计工作部门应设置监管统计专职岗位。地市级及以下分支机构可视实际情况设置监管统计专职或兼职岗位。相关岗位均应设立A、B角，人员数量、专业能力和激励机制应满足监管统计工作需要。

银行保险法人机构或其县级及以上分支机构应在指定或者变更监管统计负责人、归口管理部门（或统计工作部门、团队）负责人后10个工作日内，向银保监会或其派出机构备案。

第二十一条 银行保险机构应及时制定并更新满足监管要求的监管统计内部管理制度和业务制度，在制度制定或发生重大修订后10个工作日内向银保监会或其派出机构备案。

管理制度应包括组织领导、部门职责、岗位人员、信息系统保障、数据编制报送、数据质量管控、检查评估、考核评价、问责与激励、资料管理、数据安全保护等方面。

业务制度应全面覆盖常规监管统计数据要求，对统计内容、口径、方法、分工和流程等方面做出统一规定。

第二十二条 银行保险机构应建立包括数据源管理、统计口径管理、日常监控、监督检查、问题整改、考核评价在内的监管统计数据质量全流程管理机制，明确各部门数据质量责任。

第二十三条 银行保险机构应建立满足监管统计工作需要的信息系统，提高数字化水平。

银行保险机构内部业务及管理基础系统等各类信息系统应覆盖监管统计所需各项业务和管理数据。

第二十四条 银行保险机构应加强监管统计资料的存储管

理，建立全面、严密的管理流程和归档机制，保证监管统计资料的完整性、连续性、安全性和可追溯性。

银行保险机构向境外机构、组织或个人提供境内采集、存储的监管统计资料，应遵守国家有关法律法规及行业相关规定。

第二十五条 银行保险机构应当充分运用数据分析手段，对本机构监管统计指标变化情况开展统计分析和数据挖掘应用，充分发挥监管统计资料价值。

第五章 监管统计监督管理

第二十六条 银保监会及其派出机构依据有关规定和程序对银行保险机构监管统计工作情况进行监督检查，内容包括：

（一）监管统计法律法规及相关制度的执行；

（二）统计相关组织架构及其管理；

（三）相关岗位人员配置及培训；

（四）内部统计管理制度和统计业务制度建设及其执行情况；

（五）相关统计信息系统建设，以及统计信息系统完备性和安全性情况；

（六）监管统计数据质量及其管理；

（七）监管统计资料管理；

（八）监管统计数据安全保护情况；

（九）与监管统计工作相关的其他情况。

第二十七条 银保监会及其派出机构采取非现场或现场方式实施监管统计监督管理。对违反本办法规定的银行保险机构，银保监会及其派出机构可依法依规采取监督管理措施或者给予行政处罚。

第二十八条 银行保险机构未按规定提供监管统计资料的，分别依据《中华人民共和国银行业监督管理法》《中华人民共和国保险法》《中华人民共和国商业银行法》等法律法规，视情况依法予以处罚。

第二十九条 银行保险机构违反本办法规定，有下列行为之一的，分别依据《中华人民共和国银行业监督管理法》《中华人民共和国保险法》《中华人民共和国商业银行法》等法律法规予以处罚；构成犯罪的，依法追究刑事责任：

（一）编造或提供虚假的监管统计资料；

（二）拒绝接受依法进行的监管统计监督检查；

（三）阻碍依法进行的监管统计监督检查。

第三十条 银行保险机构违反本办法第二十八、二十九条规定的，银保监会及其派出机构分别依据《中华人民共和国银行业监督管理法》《中华人民共和国保险法》《中华人民共和国商业银行法》等法律法规对有关责任人员采取监管措施或予以处罚。

第六章 附 则

第三十一条 银保监会及其派出机构依法监管的其他机构参照本办法执行。

第三十二条 本办法由银保监会负责解释。

第三十三条 本办法自 2023 年 2 月 1 日起施行。《银行业监管统计管理暂行办法》（中国银行业监督管理委员会令 2004 年第 6 号）、《保险统计管理规定》（中国保险监督管理委员会令 2013 年第 1 号）同时废止。

实用附录

《中华人民共和国统计法》修改前后对照表

（条文中黑体字为新增或修改后内容，阴影为删去的内容，下划线为移动的内容）

《统计法》(2009年)	《统计法》(2024年)
第一章 总 则	第一章 总 则
第一条 为了科学、有效地组织统计工作，保障统计资料的真实性、准确性、完整性和及时性，发挥统计在了解国情国力、服务经济社会发展中的重要作用，促进社会主义现代化建设事业发展，制定本法。	第一条 为了科学、有效地组织统计工作，保障统计资料的真实性、准确性、完整性和及时性，**加强统计监督**，发挥统计在了解国情国力、服务经济社会**高质量**发展中的重要作用，**推动全面建设社会主义现代化国家**，制定本法。
第二条 本法适用于各级人民政府、县级以上人民政府统计机构和有关部门组织实施的统计活动。 统计的基本任务是对经济社会发展情况进行统计调查、统计分析，提供统计资料和统计咨询意见，实行统计监督。	第二条 本法适用于各级人民政府、县级以上人民政府统计机构和有关部门组织实施的统计活动。 统计的基本任务是对经济社会发展情况进行统计调查、统计分析，提供统计资料和统计咨询意见，实行统计监督。
第三条 国家建立集中统一的统计系统，实行统一领导、分级负责的统计管理体制。	第三条 **统计工作坚持中国共产党的领导。** 国家建立集中统一的统计系统，实行统一领导、分级负责的统计管理体制。

续表

《统计法》(2009年)	《统计法》(2024年)
第四条 国务院和地方各级人民政府、各有关部门应当加强对统计工作的组织领导，为统计工作提供必要的保障。	**第四条** 国务院和地方各级人民政府、各有关部门应当加强对统计工作的组织领导，为统计工作提供必要的保障。
第五条 国家加强统计科学研究，健全科学的统计指标体系，不断改进统计调查方法，提高统计的科学性。 国家有计划地加强统计信息化建设，推进统计信息搜集、处理、传输、共享、存储技术和统计数据库体系的现代化。	**第五条** 国家加强统计科学研究，**根据经济社会发展的新情况**，健全科学合理的统计标准和统计指标体系，**将新经济新领域纳入统计调查范围**，并不断改进统计调查方法，提高统计的科学性。 国家有计划地加强统计信息化建设，**推动现代信息技术与统计工作深度融合**，促进统计信息搜集、处理、传输、共享、存储技术和统计数据库体系的现代化。
	第六条 国家构建系统完整、协同高效、约束有力、权威可靠的统计监督体系。 统计机构根据统计调查制度和经批准的计划安排，对各地区、各部门贯彻落实国家重大经济社会政策措施情况、履行统计法定职责情况等进行统计监督。
第六条 统计机构和统计人员依照本法规定独立行使统计调查、统计报告、统计监督的职权，不受侵犯。 地方各级人民政府、政府统计机构和有关部门以及各单位的负责人，不得自行修改统计机构和统计人员依法搜集、整理的统计资料，	**第七条** 统计机构和统计人员依照本法规定独立行使统计调查、统计报告、统计监督的职权，不受侵犯。 地方各级人民政府、**县级以上人民政府**统计机构和有关部门以及各单位的负责人，不得自行修改统计机构和统计人员依法搜集、整理的统计资料，不得以任何方式要求

227

续表

《统计法》(2009年)	《统计法》(2024年)
不得以任何方式要求统计机构、统计人员及其他机构、人员伪造、篡改统计资料，不得对依法履行职责或者拒绝、抵制统计违法行为的统计人员打击报复。	统计机构、统计人员及其他机构、人员伪造、篡改统计资料，**不得明示、暗示下级单位及其人员或者统计调查对象填报虚假统计数据**，不得对依法履行职责或者拒绝、抵制统计违法行为的**单位和个人**打击报复。
第七条　国家机关、企业事业单位和其他组织以及个体工商户和个人等统计调查对象，必须依照本法和国家有关规定，真实、准确、完整、及时地提供统计调查所需的资料，不得提供不真实或者不完整的统计资料，不得迟报、拒报统计资料。	第八条　国家机关、企业事业单位和其他组织以及个体工商户和个人等统计调查对象，必须依照本法和国家有关规定，真实、准确、完整、及时地提供统计调查所需的资料，不得提供不真实或者不完整的统计资料，不得迟报、拒报统计资料。
	第九条　地方各级人民政府、县级以上人民政府统计机构和有关部门应当根据国家有关规定，将防范和惩治统计造假、弄虚作假纳入依法行政、依法履职责任范围，建立健全相关责任制，加强对领导干部统计工作的考核管理，依法对统计造假、弄虚作假行为追究法律责任。
第八条　统计工作应当接受社会公众的监督。任何单位和个人有权检举统计中弄虚作假等违法行为。对检举有功的单位和个人应当给予表彰和奖励。	第十条　统计工作应当接受社会公众的监督。任何单位和个人有权检举统计中弄虚作假等违法行为。对检举有功的单位和个人应当给予表彰和奖励。
第九条　统计机构和统计人员对在统计工作中知悉的国家秘密、商业秘密和个人信息，应当予以保密。	第十一条　统计机构和统计人员对在统计工作中知悉的国家秘密、**工作秘密**、商业秘密、**个人隐私**和个人信息，应当予以保密，**不得泄露或者向他人非法提供**。

续表

《统计法》（2009年）	《统计法》（2024年）
第十条 任何单位和个人不得利用虚假统计资料骗取荣誉称号、物质利益或者职务晋升。	**第十二条** 任何单位和个人不得利用虚假统计资料骗取荣誉称号、物质利益或者职务**职级等**晋升。
第二章 统计调查管理	**第二章 统计调查管理**
第十一条 统计调查项目包括国家统计调查项目、部门统计调查项目和地方统计调查项目。 国家统计调查项目是指全国性基本情况的统计调查项目。部门统计调查项目是指国务院有关部门的专业性统计调查项目。地方统计调查项目是指县级以上地方人民政府及其部门的地方性统计调查项目。 国家统计调查项目、部门统计调查项目、地方统计调查项目应当明确分工，互相衔接，不得重复。	**第十三条** 统计调查项目包括国家统计调查项目、部门统计调查项目和地方统计调查项目。 国家统计调查项目是指全国性基本情况的统计调查项目。部门统计调查项目是指国务院有关部门的专业性统计调查项目。地方统计调查项目是指县级以上地方人民政府及其部门的地方性统计调查项目。 国家统计调查项目、部门统计调查项目、地方统计调查项目应当明确分工，互相衔接，不得重复。
第十二条 国家统计调查项目由国家统计局制定，或者由国家统计局和国务院有关部门共同制定，报国务院备案；重大的国家统计调查项目报国务院审批。 部门统计调查项目由国务院有关部门制定。统计调查对象属于本部门管辖系统的，报国家统计局备案；统计调查对象超出本部门管辖系统的，报国家统计局审批。 地方统计调查项目由县级以上地方人民政府统计机构和有关	**第十四条** 国家统计调查项目由国家统计局制定，或者由国家统计局和国务院有关部门共同制定，报国务院备案；重大的国家统计调查项目报国务院审批。 部门统计调查项目由国务院有关部门制定。统计调查对象属于本部门管辖系统的，报国家统计局备案；统计调查对象超出本部门管辖系统的，报国家统计局审批。 地方统计调查项目由县级以上地方人民政府统计机构和有关部门分别制定或者共同制定。其中，由

续表

《统计法》（2009年）	《统计法》（2024年）
部门分别制定或者共同制定。其中，由省级人民政府统计机构单独制定或者和有关部门共同制定的，报国家统计局审批；由省级以下人民政府统计机构单独制定或者和有关部门共同制定的，报省级人民政府统计机构审批；由县级以上地方人民政府有关部门制定的，报本级人民政府统计机构审批。	省级人民政府统计机构单独制定或者和有关部门共同制定的，报国家统计局审批；由省级以下人民政府统计机构单独制定或者和有关部门共同制定的，报省级人民政府统计机构审批；由县级以上地方人民政府有关部门制定的，报本级人民政府统计机构审批。
第十三条　统计调查项目的审批机关应当对调查项目的必要性、可行性、科学性进行审查，对符合法定条件的，作出予以批准的书面决定，并公布；对不符合法定条件的，作出不予批准的书面决定，并说明理由。	第十五条　统计调查项目的审批机关应当对调查项目的必要性、可行性、科学性进行审查，对符合法定条件的，作出予以批准的书面决定，并公布；对不符合法定条件的，作出不予批准的书面决定，并说明理由。
第十四条　制定统计调查项目，应当同时制定该项目的统计调查制度，并依照本法第十二条的规定一并报经审批或者备案。 统计调查制度应当对调查目的、调查内容、调查方法、调查对象、调查组织方式、调查表式、统计资料的报送和公布等作出规定。 统计调查应当按照统计调查制度组织实施。变更统计调查制度的内容，应当报经原审批机关批准或者原备案机关备案。	第十六条　制定统计调查项目，应当同时制定该项目的统计调查制度，并依照本法第十四条的规定一并报经审批或者备案。 统计调查制度应当对调查目的、调查内容、调查方法、调查对象、调查组织方式、调查表式、统计资料的报送和公布等作出规定。 统计调查应当按照统计调查制度组织实施。变更统计调查制度的内容，应当报经原审批机关批准或者原备案机关备案。

续表

《统计法》(2009年)	《统计法》(2024年)
第十五条 统计调查表应当标明表号、制定机关、批准或者备案文号、有效期限等标志。 对未标明前款规定的标志或者超过有效期限的统计调查表，统计调查对象有权拒绝填报；县级以上人民政府统计机构应当依法责令停止有关统计调查活动。	**第十七条** 统计调查表应当标明表号、制定机关、批准或者备案文号、有效期限等标志。 对未标明前款规定的标志或者超过有效期限的统计调查表，统计调查对象有权拒绝填报；县级以上人民政府统计机构应当依法责令停止有关统计调查活动。
第十六条 搜集、整理统计资料，应当以周期性普查为基础，以经常性抽样调查为主体，综合运用全面调查、重点调查等方法，并充分利用行政记录等资料。 重大国情国力普查由国务院统一领导，国务院和地方人民政府组织统计机构和有关部门共同实施。	**第十八条** 搜集、整理统计资料，应当以周期性普查为基础，以经常性抽样调查为主体，综合运用全面调查、重点调查等方法，并充分利用行政记录、**社会大数据**等资料。 重大国情国力普查由国务院统一领导，国务院和地方人民政府组织统计机构和有关部门共同实施。
第十七条 国家制定统一的统计标准，保障统计调查采用的指标涵义、计算方法、分类目录、调查表式和统计编码等的标准化。 国家统计标准由国家统计局制定，或者由国家统计局和国务院标准化主管部门共同制定。 国务院有关部门可以制定补充性的部门统计标准，报国家统计局审批。部门统计标准不得与国家统计标准相抵触。	**第十九条** 国家制定统一的统计标准，保障统计调查采用的指标涵义、计算方法、分类目录、调查表式和统计编码等的标准化。 国家统计标准由国家统计局制定，或者由国家统计局和国务院标准化主管部门共同制定。 国务院有关部门可以制定补充性的部门统计标准，报国家统计局审批。部门统计标准不得与国家统计标准相抵触。
	第二十条 国家实施统一的国民经济核算制度。 国家统计局统一组织和实施地区生产总值核算工作。

续表

《统计法》(2009年)	《统计法》(2024年)
第十八条　县级以上人民政府统计机构根据统计任务的需要，可以在统计调查对象中推广使用计算机网络报送统计资料。	第二十一条　县级以上人民政府统计机构根据统计任务的需要，可以在统计调查对象中推广使用计算机网络报送统计资料。
第十九条　县级以上人民政府应当将统计工作所需经费列入财政预算。 　　重大国情国力普查所需经费，由国务院和地方人民政府共同负担，列入相应年度的财政预算，按时拨付，确保到位。	第二十二条　县级以上人民政府应当将统计工作所需经费列入财政预算。 　　重大国情国力普查所需经费，由国务院和地方人民政府共同负担，列入相应年度的财政预算，按时拨付，确保到位。
第三章　统计资料的管理和公布	第三章　统计资料的管理和公布
第二十条　县级以上人民政府统计机构和有关部门以及乡、镇人民政府，应当按照国家有关规定建立统计资料的保存、管理制度，建立健全统计信息共享机制。	第二十三条　县级以上人民政府统计机构和有关部门以及乡、镇人民政府，应当按照国家有关规定建立统计资料的保存、管理制度。 　　**县级以上人民政府统计机构和有关部门建立健全统计信息共享机制，明确统计信息的共享范围、标准和程序。**
第二十一条　国家机关、企业事业单位和其他组织等统计调查对象，应当按照国家有关规定设置原始记录、统计台账，建立健全统计资料的审核、签署、交接、归档等管理制度。 　　统计资料的审核、签署人员应当对其审核、签署的统计资料的真实性、准确性和完整性负责。	第二十四条　国家机关、企业事业单位和其他组织等统计调查对象，应当按照国家有关规定设置原始记录、统计台账，**推动统计台账电子化、数字化、标准化**，建立健全统计资料的审核、签署、**报送**、归档等管理制度。 　　统计资料的审核、签署人员应当对其审核、签署的统计资料的真实性、准确性和完整性负责。

续表

《统计法》（2009年）	《统计法》（2024年）
第二十二条　县级以上人民政府有关部门应当及时向本级人民政府统计机构提供统计所需的行政记录资料和国民经济核算所需的财务资料、财政资料及其他资料，并按照统计调查制度的规定及时向本级人民政府统计机构报送其组织实施统计调查取得的有关资料。 县级以上人民政府统计机构应当及时向本级人民政府有关部门提供有关统计资料。	第二十五条　县级以上人民政府有关部门应当及时向本级人民政府统计机构提供统计所需的行政记录资料和国民经济核算所需的财务资料、财政资料及其他资料，并按照统计调查制度的规定及时向本级人民政府统计机构报送其组织实施统计调查取得的有关资料。 县级以上人民政府统计机构应当及时向本级人民政府有关部门提供有关统计资料。
第二十三条　县级以上人民政府统计机构按照国家有关规定，定期公布统计资料。 国家统计数据以国家统计局公布的数据为准。	第二十六条　县级以上人民政府统计机构按照国家有关规定，定期公布统计资料。 国家统计数据以国家统计局公布的数据为准。
第二十四条　县级以上人民政府有关部门统计调查取得的统计资料，由本部门按照国家有关规定公布。	第二十七条　县级以上人民政府有关部门统计调查取得的统计资料，由本部门按照国家有关规定公布。
第二十五条　统计调查中获得的能够识别或者推断单个统计调查对象身份的资料，任何单位和个人不得对外提供、泄露，不得用于统计以外的目的。	第二十八条　统计调查中获得的能够识别或者推断单个统计调查对象身份的资料，任何单位和个人不得对外提供、泄露，不得用于统计以外的目的。
第二十六条　县级以上人民政府统计机构和有关部门统计调查取得的统计资料，除依法应当保密的外，应当及时公开，供社会公众查询。	第二十九条　县级以上人民政府统计机构和有关部门统计调查取得的统计资料，除依法应当保密的外，应当及时公开，供社会公众查询。

续表

《统计法》（2009年）	《统计法》（2024年）
第四章　统计机构和统计人员	**第四章　统计机构和统计人员**
第二十七条　国务院设立国家统计局，依法组织领导和协调全国的统计工作。 国家统计局根据工作需要设立的派出调查机构，承担国家统计局布置的统计调查等任务。 县级以上地方人民政府设立独立的统计机构，乡、镇人民政府设置统计工作岗位，配备专职或者兼职统计人员，依法管理、开展统计工作，实施统计调查。	**第三十条**　国务院设立国家统计局，依法组织领导和协调全国的统计工作。 国家统计局根据工作需要设立的派出调查机构，承担国家统计局布置的统计调查等任务。 县级以上地方人民政府设立独立的统计机构，乡、镇人民政府设置统计工作岗位，配备专职或者兼职统计人员，依法管理、开展统计工作，实施统计调查。
第二十八条　县级以上人民政府有关部门根据统计任务的需要设立统计机构，或者在有关机构中设置统计人员，并指定统计负责人，依法组织、管理本部门职责范围内的统计工作，实施统计调查，在统计业务上受本级人民政府统计机构的指导。	**第三十一条**　县级以上人民政府有关部门根据统计任务的需要设立统计机构，或者在有关机构中设置统计人员，并指定统计负责人，依法组织、管理本部门职责范围内的统计工作，实施统计调查，在统计业务上受本级人民政府统计机构的指导。
第二十九条　统计机构、统计人员应当依法履行职责，如实搜集、报送统计资料，不得伪造、篡改统计资料，不得以任何方式要求任何单位和个人提供不真实的统计资料，不得有其他违反本法规定的行为。 统计人员应当坚持实事求是，恪守职业道德，对其负责搜集、审核、录入的统计资料与统计调查对象报送的统计资料的一致性负责。	**第三十二条**　统计机构、统计人员应当依法履行职责，如实搜集、报送统计资料，不得伪造、篡改统计资料，不得以任何方式要求任何单位和个人提供不真实的统计资料，不得有其他违反本法规定的行为。 统计人员应当坚持实事求是，恪守职业道德，对其负责搜集、审核、录入的统计资料与统计调查对象报送的统计资料的一致性负责。

续表

《统计法》（2009年）	《统计法》（2024年）
第三十条　统计人员进行统计调查时，有权就与统计有关的问题询问有关人员，要求其如实提供有关情况、资料并改正不真实、不准确的资料。 　　统计人员进行统计调查时，应当出示县级以上人民政府统计机构或者有关部门颁发的工作证件；未出示的，统计调查对象有权拒绝调查。	第三十三条　统计人员进行统计调查时，有权就与统计有关的问题询问有关人员，要求其如实提供有关情况、资料并改正不真实、不准确的资料。 　　统计人员进行统计调查时，应当出示县级以上人民政府统计机构或者有关部门颁发的工作证件；未出示的，统计调查对象有权拒绝调查。
第三十一条　国家实行统计专业技术职务资格考试、评聘制度，提高统计人员的专业素质，保障统计队伍的稳定性。 　　统计人员应当具备与其从事的统计工作相适应的专业知识和业务能力。 　　县级以上人民政府统计机构和有关部门应当加强对统计人员的专业培训和职业道德教育。	第三十四条　国家实行统计专业技术职务资格考试、评聘制度，提高统计人员的专业素质，保障统计队伍的稳定性。 　　统计人员应当具备与其从事的统计工作相适应的专业知识和业务能力。 　　县级以上人民政府统计机构和有关部门应当加强对统计人员的专业培训和职业道德教育。
第五章　监督检查	第五章　监督检查
第三十二条　县级以上人民政府及其监察机关对下级人民政府、本级人民政府统计机构和有关部门执行本法的情况，实施监督。	第三十五条　县级以上人民政府对下级人民政府、本级人民政府统计机构和有关部门执行本法的情况，实施监督。
第三十三条　国家统计局组织管理全国统计工作的监督检查，查处重大统计违法行为。 　　县级以上地方人民政府统计机构依法查处本行政区域内发生的统计违法行为。但是，国家统	第三十六条　国家统计局组织管理全国统计工作的监督检查，查处重大统计违法行为。 　　县级以上地方人民政府统计机构依法查处本行政区域内发生的统计违法行为。但是，国家统计局派

续表

《统计法》（2009年）	《统计法》（2024年）
计局派出的调查机构组织实施的统计调查活动中发生的统计违法行为，由组织实施该项统计调查的调查机构负责查处。 法律、行政法规对有关部门查处统计违法行为另有规定的，从其规定。	出的调查机构组织实施的统计调查活动中发生的统计违法行为，由组织实施该项统计调查的调查机构负责查处。 法律、行政法规对有关部门查处统计违法行为另有规定的，从其规定。
第三十四条　县级以上人民政府有关部门应当积极协助本级人民政府统计机构查处统计违法行为，及时向本级人民政府统计机构移送有关统计违法案件材料。	第三十七条　县级以上人民政府有关部门应当积极协助本级人民政府统计机构查处统计违法行为，及时向本级人民政府统计机构移送有关统计违法案件材料。
第三十五条　县级以上人民政府统计机构在调查统计违法行为或者核查统计数据时，有权采取下列措施： （一）发出统计检查查询书，向检查对象查询有关事项； （二）要求检查对象提供有关原始记录和凭证、统计台账、统计调查表、会计资料及其他相关证明和资料； （三）就与检查有关的事项询问有关人员； （四）进入检查对象的业务场所和统计数据处理信息系统进行检查、核对； （五）经本机构负责人批准，登记保存检查对象的有关原始记录和凭证、统计台账、统计调查表、会计资料及其他相关证明和资料；	第三十八条　县级以上人民政府统计机构在调查统计违法行为或者核查统计数据时，有权采取下列措施： （一）发出统计检查查询书，向检查对象查询有关事项； （二）要求检查对象提供有关原始记录和凭证、统计台账、统计调查表、会计资料及其他相关证明和资料； （三）就与检查有关的事项询问有关人员； （四）进入检查对象的业务场所和统计数据处理信息系统进行检查、核对； （五）经本机构负责人批准，登记保存检查对象的有关原始记录和凭证、统计台账、统计调查表、会计资料及其他相关证明和资料；

续表

《统计法》(2009年)	《统计法》(2024年)
（六）对与检查事项有关的情况和资料进行记录、录音、录像、照相和复制。 县级以上人民政府统计机构进行监督检查时，监督检查人员不得少于二人，并应当出示执法证件；未出示的，有关单位和个人有权拒绝检查。	（六）对与检查事项有关的情况和资料进行记录、录音、录像、照相和复制。 县级以上人民政府统计机构进行监督检查时，监督检查人员不得少于二人，并应当出示执法证件；未出示的，有关单位和个人有权拒绝检查。
第三十六条　县级以上人民政府统计机构履行监督检查职责时，有关单位和个人应当如实反映情况，提供相关证明和资料，不得拒绝、阻碍检查，不得转移、隐匿、篡改、毁弃原始记录和凭证、统计台账、统计调查表、会计资料及其他相关证明和资料。	第三十九条　县级以上人民政府统计机构履行监督检查职责时，有关单位和个人应当如实反映情况，提供相关证明和资料，不得拒绝、阻碍检查，不得转移、隐匿、篡改、毁弃原始记录和凭证、统计台账、统计调查表、会计资料及其他相关证明和资料。
第六章　法律责任	第六章　法律责任
第三十七条　地方人民政府、政府统计机构或者有关部门、单位的负责人有下列行为之一的，由任免机关或者监察机关依法给予处分，并由县级以上人民政府统计机构予以通报： （一）自行修改统计资料、编造虚假统计数据的； （二）要求统计机构、统计人员或者其他机构、人员伪造、篡改统计资料的； （三）对依法履行职责或者拒绝、抵制统计违法行为的统计人员打击报复的；	第四十条　地方**各级**人民政府、**县级以上**人民政府统计机构或者有关部门、单位的负责人有下列行为之一的，由任免机关、**单位**或者监察机关依法给予处分，并由县级以上人民政府统计机构予以通报： （一）自行修改统计资料、编造虚假统计数据的； （二）要求统计机构、统计人员或者其他机构、人员伪造、篡改统计资料的； **（三）明示、暗示下级单位及其人员或者统计调查对象填报虚假统计数据的；**

237

续表

《统计法》（2009年）	《统计法》（2024年）
（四）对本地方、本部门、本单位发生的严重统计违法行为失察的。	（四）对本地方、本部门、本单位发生的**统计数据严重失实情况**和严重统计违法行为失察的； （五）**有其他统计造假、弄虚作假行为的。** 对依法履行职责或者拒绝、抵制统计违法行为的单位和个人打击报复的，**依照前款规定给予处分和予以通报。**
第三十八条　县级以上人民政府统计机构或者有关部门<u>在组织实施统计调查活动中</u>有下列行为之一的，由本级人民政府、上级人民政府统计机构或者本级人民政府统计机构责令改正，予以通报；对<u>直接负责的主管人员和其他直接责任人员</u>，由任免机关或者监察机关依法给予处分： （一）未经批准擅自组织实施统计调查的； （二）未经批准擅自变更统计调查制度的内容的； （三）伪造、篡改统计资料的； （四）要求统计调查对象或者其他机构、人员提供不真实的统计资料的； （五）未按照统计调查制度的规定报送有关资料的。 统计人员有前款第三项至第五项所列行为之一的，责令改正，依法给予处分。	第四十一条　县级以上人民政府统计机构或者有关部门有下列行为之一的，由本级人民政府、上级人民政府统计机构或者本级人民政府统计机构责令改正，予以通报；对**负有责任的领导人员和直接责任人员**，由任免机关或者监察机关依法给予处分： （一）未经批准**或者备案**擅自组织实施统计调查的； （二）未经批准**或者备案**擅自变更统计调查制度的内容的； （三）伪造、篡改统计资料的； （四）要求统计调查对象或者其他机构、人员提供不真实的统计资料的； （五）未按照统计调查制度的规定报送有关资料的。 统计人员有前款第三项至第五项所列行为之一的，责令改正，依法给予处分。

续表

《统计法》（2009年）	《统计法》（2024年）
第三十九条　县级以上人民政府统计机构或者有关部门有下列行为之一的，对**直接负责的主管人员和其他直接责任人员**由任免机关或者监察机关依法给予处分： （一）违法公布统计资料的； （二）泄露统计调查对象的商业秘密、个人信息**或者**提供、泄露在统计调查中获得的能够识别或者推断单个统计调查对象身份的资料的； （**三**）违反国家有关规定，造成统计资料毁损、灭失的。 统计人员有前款所列行为之一的，依法给予处分。	第四十二条　县级以上人民政府统计机构或者有关部门有下列行为之一的，对**负有责任的领导人员和直接责任人员**由任免机关或者监察机关依法给予处分： （一）违法公布统计资料的； （二）泄露**或者向他人非法提供**统计调查对象的商业秘密、个人**隐私**、个人信息**的**； （三）**对外提供**、泄露在统计调查中获得的能够识别或者推断单个统计调查对象身份的资料的； （四）违反国家有关规定，造成统计资料毁损、灭失的。 统计人员有前款所列行为之一的，依法给予处分。
第四十条　统计机构、统计人员泄露国家秘密的，依法追究法律责任。	第四十三条　统计机构、统计人员泄露国家秘密、**工作秘密**的，依法追究法律责任。
第四十一条　作为统计调查对象的国家机关、企业事业单位或者其他组织有下列行为之一的，由县级以上人民政府统计机构责令改正，给予警告，可以予以通报；其**直接负责的主管人员和其他直接责任人员**属于**国家工作人员**的，由任免机关或者监察机关依法给予处分： （一）拒绝提供统计资料或者经催报后仍未按时提供统计资料的； （二）提供不真实或者不完整的统计资料的；	第四十四条　作为统计调查对象的国家机关、企业事业单位或者其他组织有下列行为之一的，由县级以上人民政府统计机构责令改正，给予警告，可以予以通报；其**负有责任的领导人员和直接责任人员**属于**公职人员**的，由任免机关、**单位**或者监察机关依法给予处分： （一）拒绝提供统计资料或者经催报后仍未按时提供统计资料的； （二）提供不真实或者不完整的统计资料的；

续表

《统计法》（2009 年）	《统计法》（2024 年）
（三）拒绝答复或者不如实答复统计检查查询书的； （四）拒绝、阻碍统计调查、统计检查的； （五）转移、隐匿、篡改、毁弃或者拒绝提供原始记录和凭证、统计台账、统计调查表及其他相关证明和资料的。 企业事业单位或者其他组织有前款所列行为之一的，可以并处五万元以下的罚款；情节严重的，并处五万元以上二十万元以下的罚款。 个体工商户有本条第一款所列行为之一的，由县级以上人民政府统计机构责令改正，给予警告，可以并处一万元以下的罚款。	（三）拒绝答复或者不如实答复统计检查查询书的； （四）拒绝、阻碍统计调查、统计检查的； （五）转移、隐匿、篡改、毁弃或者拒绝提供原始记录和凭证、统计台账、统计调查表及其他相关证明和资料的。 企业事业单位或者其他组织有前款所列行为之一的，可以并处十万元以下的罚款；情节严重的，并处十万元以上五十万元以下的罚款。 个体工商户有本条第一款所列行为之一的，由县级以上人民政府统计机构责令改正，给予警告，可以并处一万元以下的罚款。
第四十二条 作为统计调查对象的国家机关、企业事业单位或者其他组织迟报统计资料，或者未按照国家有关规定设置原始记录、统计台账的，由县级以上人民政府统计机构责令改正，给予警告。 企业事业单位或者其他组织有前款所列行为之一的，可以并处一万元以下的罚款。 个体工商户迟报统计资料的，由县级以上人民政府统计机构责令改正，给予警告，可以并处一千元以下的罚款。	第四十五条 作为统计调查对象的国家机关、企业事业单位或者其他组织迟报统计资料，或者未按照国家有关规定设置原始记录、统计台账的，由县级以上人民政府统计机构责令改正，给予警告，**可以予以通报；其负有责任的领导人员和直接责任人员属于公职人员的，由任免机关、单位或者监察机关依法给予处分。** 企业事业单位或者其他组织有前款所列行为之一的，可以并处五万元以下的罚款。 个体工商户迟报统计资料的，由县级以上人民政府统计机构责令改正，给予警告，可以并处一千元以下的罚款。

续表

《统计法》（2009年）	《统计法》（2024年）
第四十三条　县级以上人民政府统计机构查处统计违法行为时，认为对有关国家工作人员依法应当给予处分的，应当提出给予处分的建议；该国家工作人员的任免机关或者监察机关应当依法及时作出决定，并将结果书面通知县级以上人民政府统计机构。	第四十六条　县级以上人民政府统计机构查处统计违法行为时，认为对有关公职人员依法应当给予处分的，应当向该公职人员的任免机关、单位提出给予处分的建议，该公职人员的任免机关、单位应当依法及时作出决定，并将结果书面通知县级以上人民政府统计机构；向监察机关移送的，由监察机关按照有关规定办理。
第四十四条　作为统计调查对象的个人在重大国情国力普查活动中拒绝、阻碍统计调查，或者提供不真实或者不完整的普查资料的，由县级以上人民政府统计机构责令改正，予以批评教育。	第四十七条　作为统计调查对象的个人在重大国情国力普查活动中拒绝、阻碍统计调查，或者提供不真实或者不完整的普查资料的，由县级以上人民政府统计机构责令改正，予以批评教育。
第四十五条　违反本法规定，利用虚假统计资料骗取荣誉号、物质利益或者职务晋升的，除对其编造虚假统计资料或者要求他人编造虚假统计资料的行为依法追究法律责任外，由作出有关决定的单位或者其上级单位、监察机关取消其荣誉号，追缴获得的物质利益，撤销晋升的职务。	第四十八条　违反本法规定，利用虚假统计资料骗取荣誉称号、物质利益或者职务职级等晋升的，除对其编造虚假统计资料或者要求他人编造虚假统计资料的行为依法追究法律责任外，由作出有关决定的单位或者其上级单位、监察机关取消其荣誉称号，追缴获得的物质利益，撤销晋升的职务职级等。
第四十六条　当事人对县级以上人民政府统计机构作出的行政处罚决定不服的，可以依法申请行政复议或者提起行政诉讼。	第四十九条　当事人对县级以上人民政府统计机构作出的行政处罚决定不服的，可以依法申请行政复议或者提起行政诉讼。对国家统

241

续表

《统计法》(2009年)	《统计法》(2024年)
其中,对国家统计局在省、自治区、直辖市派出的调查机构作出的行政处罚决定不服的,向国家统计局申请行政复议;对国家统计局派出的其他调查机构作出的行政处罚决定不服的,向国家统计局在该派出机构所在的省、自治区、直辖市派出的调查机构申请行政复议。	计局派出的调查机构作出的行政处罚决定不服的,向国家统计局申请行政复议。
第四十七条 违反本法规定,构成犯罪的,依法追究刑事责任。	第五十条 违反本法规定,造成人身损害、财产损失的,依法承担民事责任;构成犯罪的,依法追究刑事责任。
第七章 附 则	第七章 附 则
第四十八条 本法所称县级以上人民政府统计机构,是指国家统计局及其派出的调查机构、县级以上地方人民政府统计机构。	第五十一条 本法所称县级以上人民政府统计机构,是指国家统计局及其派出的调查机构、县级以上地方人民政府统计机构。
第四十九条 民间统计调查活动的管理办法,由国务院制定。 中华人民共和国境外的组织、个人需要在中华人民共和国境内进行统计调查活动的,应当按照国务院的规定报请审批。 利用统计调查危害国家安全、损害社会公共利益或者进行欺诈活动的,依法追究法律责任。	第五十二条 民间统计调查活动的管理办法,由国务院制定。 中华人民共和国境外的组织、个人需要在中华人民共和国境内进行统计调查活动的,应当按照国务院的规定报请审批。 利用统计调查危害国家安全、损害社会公共利益或者进行欺诈活动的,依法追究法律责任。
第五十条 本法自2010年1月1日起施行。	第五十三条 本法自2010年1月1日起施行。

国家统计局关于5起典型统计违法案件的通报（节录）[①]

一、天津市某区案件

2018年1月统计执法检查发现，某区有关专业统计数据严重失实。根据有关线索调查发现6家规模以上工业企业虚报统计数据，违法数额占应报数额比例特别高。某区工作人员编造并代填代报企业统计数据，指令报送、要求打捆重复报送、要求停产不达规企业继续虚报统计数据，严重干扰企业独立报送。

二、内蒙古自治区某县案件

2017年11月统计执法检查发现，某县有关专业统计数据严重失实。根据有关线索调查发现20家规模以上工业企业、11家限额以上批发和零售业企业、3家规模以上服务业企业虚报统计数据，部分企业违法数额占应报数额比例特别高。某县基本单位名录库管理混乱，异常经营企业仍虚报数据；有关部门干预规模以上工业企业入库申报工作，以入库奖励等方式诱导企业违规入库，违法代填代报、指令报送、违规篡改企业统计数据。某县党政领导、相关部门领导对存在的代填代报、指令报送和规上工业统计数据虚假等问题均知情，却没有采取有效措施制止和纠正。

三、辽宁省某县案件

2017年3月统计执法检查发现，某县有关专业统计数据严重失实。根据有关线索调查发现24家规模以上工业企业虚报统计数据，部分企业违法数额占应报数额比例特别高。某县有关部门和乡镇代填代报、指令报送统计数据，严重干扰企业独立报送。

---

① 案例来源于国家统计局官网，https://www.stats.gov.cn/fw/bgthyb/202302/t20230215_1904782.html，最后访问时间：2025年3月12日。

四、山东省某市案件

2017年7-8月统计执法检查发现，某市有关专业统计数据及名录库严重失实。根据有关线索调查发现27家规模以上工业企业、21家限额以上批发零售业企业虚报统计数据；调查发现18家工业企业、6家批发业企业、11家零售业企业2016年年报主营业务收入未达规模以上或限额以上标准，但仍在联网直报平台报送2017年统计数据。某市有关街道自行编造并上报企业统计数据，在规模以上工业企业入库材料上弄虚作假，有关部门及街道乡镇抵制、阻碍统计执法检查。

五、宁夏回族自治区某市案件

2018年3月统计执法检查发现，某市有关专业统计数据严重失实。根据有关线索立案调查发现20个固定资产投资项目虚报，15家规模以上工业企业提供不真实统计资料，且情节严重。在立案调查外，还根据有关线索核查发现26个固定资产投资项目和10家规模以上工业企业虚报统计数据，其中部分企业违法数额占应报数额比例特别高。某市有关部门非法干预项目单位独立真实报送统计数据，指令企业报送虚假统计数据。抵制、拒绝、阻碍统计执法检查问题突出。地方党政领导以及相关部门领导对统计造假、弄虚作假严重失察。部分企业、单位涉嫌利用虚假统计数据骗取物质利益。

国家统计局关于安徽省、福建省、江西省有关地区统计违法案件的通报（节录）[①]

一、安徽省某市统计违法案件

2020年6月，国家统计局执法检查组对安徽省某市进行统计

---

① 案例来源于国家统计局官网，https://www.stats.gov.cn/fw/bgthyb/202302/t20230215_1904801.html，最后访问时间：2025年3月12日。

执法检查。检查发现：某市固定资产投资项目统计数据严重失实；有关部门、乡镇编造虚假固定资产投资项目入库资料，代填代报固定资产投资统计数据，违规打捆和重复报送固定资产投资项目。安徽省有关方面对16名责任人给予党纪政务处分和组织处理，其中，厅局级1人，县处级5人，乡科级及以下10人。安徽省统计局对33家提供不真实统计资料的违法企业作出行政处罚。

二、福建省漳州市云某县、东某县统计违法案件

2020年8月，国家统计局执法检查组对福建省漳州市云某县、东某县进行统计执法检查。检查发现：云某县、东某县规模以上工业企业统计数据严重失实，云某县固定资产投资项目统计数据严重失实，东某县限额以上批发和零售业企业统计数据严重失实；云某县、东某县有关部门细化分解主要经济指标目标任务到企业，授意、指使、强令统计调查对象或者其他单位、人员编造虚假统计资料，有关乡镇（开发区）编造虚假统计数据并代填代报统计报表或者授意、指使、强令统计调查对象编造虚假统计资料；有关单位和个人不如实反映情况，毁弃相关证明和资料。福建省有关方面对43名责任人给予党纪政务处分和组织处理，其中，厅局级5人，县处级10人，乡科级及以下28人。福建省统计局对42家提供不真实统计资料的违法企业作出行政处罚。

三、江西省九江市修某县、湖某县统计违法案件

2020年11月至12月，由国家统计局派员督办，江西省统计局对江西省九江市修某县统计违法线索进行统计执法检查。检查发现：修某县规模以上工业企业统计数据严重失实，"空壳"企业报送统计数据；有关部门和工业园区授意、指使、强令统计调查对象或者其他机构、人员编造虚假统计资料。江西省有关方面对7名责任人给予党纪政务处分和组织处理，均为乡科级及以下人员。江西省统计局对43家提供不真实统计资料的违法企业作出行政处罚。

2021年6月，由国家统计局派员督办，江西省统计局对江西省湖某县统计违法线索进行统计执法检查。检查发现：湖某县固定资产投资项目统计数据严重失实，存在多个虚假投资项目；有关乡镇、高新园区和部门授意、指使、强令统计调查对象或者其他机构、人员编造虚假统计资料。江西省有关方面对17名责任人给予党纪政务处分和组织处理，其中县处级2人，乡科级及以下15人。江西省统计局对20家提供不真实统计资料的违法企业作出行政处罚。